AF614589

Prix : 40 centimes — Librairie L. VIEILLOT, Éditeur, 32, rue Notre-Dame-de-Nazareth, à Paris — Prix : 40 centimes

LE PLAT DU JOUR

Revue de l'année 1861 en trois actes et vingt tableaux

Précédée de LE LIBRE ÉCHANGE AUX DÉLASSEMENTS-COMIQUES Prologue

PAR

MM. ALEXANDRE FLAN ET ERNEST BLUM

Mise en scène de M. Oscar; Musique de M. Hervé; Décors de M. Eug. Fromont; Costumes exécutés par M. P. Bricard et Mme Alexandrine; Machines de M. Achille Carré

REPRÉSENTÉE, POUR LA PREMIÈRE FOIS, A PARIS, SUR LE THÉATRE DES DÉLASSEMENTS-COMIQUES, LE 21 DÉCEMBRE 1861

DISTRIBUTION DE LA PIÈCE

ALFRED	MM. Oscar.
JOCRISSE	
JANOT	Gotri.
LES DÉLASSEMENTS	M. Bordet.
ROI D'ARAUCANIE	
ADOLPHE	
UN COCHER	
GUIGNOL, PIERROT	Houdin.
MALICE	
MUSTAPHA	
POLICHINELLE	Dalmas.
CHEVALIER DU PINCE-NEZ	
CABESTAN	Alexandre.
UN CURATIER	Charlay.
FLORIDOR	
UN FACTEUR	Lomon.
LOUSTALOT	
LE VIN	G. Rose.
MAUSSADE	Sallier.
CHEF D'ORCHESTRE	Kahn.
UN ANGLAIS	
MUSICIEN	Gallien.
AUGUSTE	
UN ACTEUR	
UN SOLDAT	
FIL-A-VOILE	Hippolyte.
UN LANCIER	
UN INTIME	
GARÇON DE THÉATRE	
L'ENVIEUX	Muller.
ERNEST	
UN INTIME	Fondrier.
UNE ANGLAISE	
UN DEBARDEUR	Armand.
UN LANCIER	
UNE ANGLAISE	
UN LANCIER	Ernest.
UN GARÇON	

UN ANGLAIS	Lévy.
UN INVITÉ	
UNE ANGLAISE	Alphonse.
UN LANCIER	
UN ENFANT	L. Bordet.
UN NEGRILLON	
LA DUCHESSE	
LA COUPE	Mmes Anna.
CHONCHON	
LA REVUE	Mélanie.
LÉGÈRE	Adèle.
LE PANIER	
L'AQUARIUM	
LA FIOLE	Maria P.
PORTE-SAINT-MARTIN	
LES PETITS-AGNEAUX	
LE FORET	Jeanne.
LE RIGODON	
GENEVIÈVE	Meyer.
MARIE	
CORNALINE	
LA COMÈTE	Victorine.
LE TONNELIER	
SICILE	
MATHILDE	Léonie.
LE CONDUCTEUR	
FRAMBOISY	Griff.
LE VIGNERON	
VARIÉTÉS	
TUILERIES	
LA VIGNERONNE	Colombat.
DÉCOR DU LAC	
LA MARQUISE	Fèvre.
LE PRESSOIR	
EGLANTINE	
PAVILLON DE FLORE	Cornélie.
PREMIER VENDANGEUR	
LES GLACES	

PREMIÈRE HUISSIÈRE	Nathalie.
TROISIÈME VENDANGEUR	
BOTTES A BASTIEN	
LA HOTTE	Bazire.
MADAME SAQUI	
ROSITA	Julia.
QUATRIÈME VENDANGEUR	
MALESHERBES	L. Désirée.
LE MOINEAU	
MARIN	
POULETTE — VENDANGEUSE	Delorme.
ALCESTE	
GAGNE-PETIT	
SERAPHINE	Clara K.
PULCHERIE	
ISAMBART	
LEONIDE	Constance.
PREMIÈRE VENDANGEUSE	
LE FRANÇAIS	
FIFINE	
LAITOU	
EUPRASIE	Amandine.
CONCERTS POPULAIRES	
LODOISKA	
DEUXIEME HUISSIÈRE	Cellier.
DEUXIEME VENDANGEUR	
LA BONNE	
JENNY	
TROISIÈME VENDANGEUSE	Agnès.
PALAIS-ROYAL	
DRINN-DRINN	
MARIANNE	Albertine.
LA CUVE	
LEONTINE	
PUNCH GRASSOT	
AMANDA	Ritza.
QUATRIÈME VENDANGEUR	
OPERA-COMIQUE	

PROLOGUE

Premier tableau

UNE RÉPÉTITION GÉNÉRALE AUX DÉLASSEMENTS

Châssis de palais; fond de forêt. — Bancs de gazon, fauteuils, canapé; une table à droite.

SCÈNE PREMIÈRE

ADHÉMAR, ÉGLANTINE, MATHILDE, LODOISKA, LÉONTINE, Acteurs et Actrices.

(Au lever du rideau, aspect animé d'un entr'acte de répétition; divers groupes. Lodoïska mange un petit pain et du chocolat, d'un côté; les uns sont costumés, les autres en habit de ville; au fond, des danseuses s'esseyent.)

CHOEUR.

Air : d'Hervé.

Il le faut, travaillons,
Etudions;
Ce n'est pas en n' faisant rien,
Que l' succès vient;
Consacrons notre temps
Et nos instants
A nous livrer sans r'tard
Tout à notre art.

MATHILDE. Ah ça, voyons; c'est une farce. On ne répète donc plus dans le fond de cette grotte.

ADHÉMAR. Il paraît que non... Je fonds sur mes jambes, moi...

MATHILDE. Quelle heure est-il?... Ohé! les ceux qui ont de la bijouterie?

ÉGLANTINE, tirant sa montre. Quatre heures après minuit.

MATHILDE. Quatre heures du matin!... eh bien, elle est sévère celle-là!... et on n'a pas encore seulement commencé à répéter!... et nous sommes-là depuis huit heures!

ÉGLANTINE. Il n'y a qu'aux Délassements que ça arrive, ces choses-là!... Je vous demande un peu... la revue de fin d'année...

LODOÏSKA. Et ils ont le toupet de dire que ça se jouera demain... dans un an, c'est possible...

MATHILDE. C'est moi qui regrette d'être restée, quand on pense que pour venir répéter, j'ai refusé d'aller dans le monde...

ÉGLANTINE. Et moi donc... j'étais invitée au baptême d'un petit pharmacien!... il sera désespéré, ce jeune homme...

MATHILDE. Mais qu'est-ce que le régisseur fait donc... est-ce qu'il est allé faire un tour en Amérique?

ADHÉMAR. Il paraît qu'il cause avec les auteurs et le patron : les Délassements-Comiques. Il fait peut-être des changements.

MATHILDE. Comment des changements!... D'abord, moi, si on me change quoi que ce soit... je ne joue pas... merci... s'ils croient que je vais m'abîmer la mémoire à apprendre toutes leurs bêtises... c'est vrai, depuis que je viens ici... je ne me rappelle plus de rien... à preuve que l'autre jour, j'ai oublié de payer trois termes à mon propriétaire...

ÉGLANTINE. S'en est-il souvenu, lui.

MATHILDE. Eh bien, non... c'est sa femme qui a été forcée de le lui rappeler.

FIFINE. C'est pas ça, voyez-vous, je parierais mon armoire à glace contre un mouchoir de poche qu'il y a quelque chose. D'abord, depuis quelque temps, notre patron, les Délassements-Comiques ont des idées qui font le trapèze...

MATHILDE. C'est vrai... il ne parle que de libre échange... il ne rêve qu'articles anglais... du reste, c'est comme tout le monde; en voilà une rage!...

Air nouveau : d'Hervé.

Les articles anglais,
Voilà la méthode;
A la mode,
Les objets
Les plus laids
Ont tous sauté le Pas-de-Calais...
Oh! yès! yès! yès!...
L'article anglais fait florès.

ENSEMBLE.

Oh! yès! yès! yès! etc.

MATHILDE.

Contr' l'articl' de London
Je proteste et me guinde;
Pourtant, j'excepte l'Inde;
Ses cach'mir's ont du bon.

ÉGLANTINE.

Je n'aime pas le cab;
Cependant, je le jure,
J'accept'rais un' voiture
D'un milord, vrai nabab...

CHOEUR.

Les articles anglois, etc.

LODOÏSKA.

L'Windsor vient éclipser
Le savon de Marseille!
Décadence sans pareille;
Moi, ça me fait mousser...

LÉONTINE.

On nous vant' les emplois
Du taff'tas d'Angleterre;
Mais son charbon de terre
Primera le cok' gaulois.

CHOEUR.

Les articles anglais, etc.

ADHÉMAR.

Les gens qui font salon,
Prendront les modes d'Ecosse;
Pour aller à la noce,
J'mettrai pas de pentalon...

MATHILDE.

Tout, ch'veux, bas et coton
Est anglais, n' vous déplaise...
On met tout à l'anglaise...
Mais où s'arrêtera-t-on?

CHOEUR.

Les articles anglais, etc.

SCÈNE II

LES MÊMES, JULES.

JULES. Mademoiselle Mathilde, s'il vous plaît.

MATHILDE. Présente.

JULES. Il y a comme ça chez le concierge, un monsieur qui vous demande.

MATHILDE. Et il se nomme, ce monsieur?

JULES. Adolphe Grumtot.

MATHILDE. Adolphe. Mais il ne me laissera donc pas tranquille... celui-ci.

ÉGLANTINE. Qu'est-donc que cet Adolphe-là?...

MATHILDE. C'est un Adolphe comme tous les Adolphes...

ÉGLANTINE. Et qu'est-ce qu'il veut?

MATHILDE. On n'a jamais pu savoir; ils étaient deux qui me disaient des choses tendres. Un milord anglais à lui.

ÉGLANTINE. Et tu as choisi?

MATHILDE. Le milord, parbleu...

ÉGLANTINE. Toujours le libre échange.

MATHILDE. Parbleu! c'est la mode. (A Jules.) Dis-lui que je me marie demain avec le directeur, et que je ne peux pas me déranger parce qu'on va signer le contrat.

JULES. C'est que...

MATHILDE. Quoi?

JULES. Il m'a offert de l'or pour le laisser monter.

MATILDE. Tu as refusé!

JULES. Je pouvais pas... J'ai un billet à payer.

MATHILDE, sévèrement. Jules.

JULES. Il est là, derrière un décor; j'ai pas voulu le laisser venir jusqu'ici sans votre permission, et, puisque vous me l'accordez... (appelant) monsieur Adolphe, madame est visible...

ADOLPHE, entrant. Enfin... c'est elle!...

MATHILDE. Eh! bien, elle est forte, celle-là!..

ENSEMBLE.

Air d'Hervé.

Surprise sans égale!
Un Adolphe en ces lieux!
Au nom de la morale,
Baissons
Baissez } les yeux. (*Bis.*)

ADOLPHE.

Je la vois!... quel délire!...
Laisse-moi t'admirer.
C'est elle! je respire
L'air qu'ell' vient d' respirer.

REPRISE DE L'ENSEMBLE.

MATHILDE. Mais, que me voulez-vous, à la fin?

ADOLPHE. Ce que je veux?... mais je veux te dire que je vaux mieux, que je vaux mieux que lui!...

MATHILDE. Ne me tutoyez pas!...

ADOLPHE. Non, je ne tutoierai pas... ce que je veux... mais je veux te voir de près... je veux te voir répéter... je veux te voir dans le sein de ton théâtre...

MATHILDE. Ne me tutoyez donc pas, sapristi!...

ADOLPHE. Non, je ne te tutoierai pas, Mathilde, je t'aime!... Mathilde, tu me causes bien des douleurs... ne me repousse pas, ou je me brûle la cervelle avec de l'arsenic!...

(Bruit de cloche.)

MATHILDE. La cloche!... v'là enfin qu'on va répéter... allez vous-en... vous ne pouvez pas rester ici... c'est défendu aux étrangers...

ADOLPHE. Aux étrangers... et le milord y est peut-être.

MATHILDE. Voyons,... vous en allez-vous, ou je vous dénonce au régisseur!...

ADOLPHE. C'est bien!... je cède à vos sollicitations... mais je reviendrai... j'ai mon idée, et, vois-tu, Mathilde...

MATHILDE. Ne me tutoyez donc pas!...

ADOLPHE. Non, je ne tutoierai pas... vois-tu, dis-je, quand un Adolphe a une idée, l'Europe tremble!...

ENSEMBLE.

Air : d'Hervé.

Ah! le drôle d'
Nom d'un p'tit bon } homme.
Il est
Je suis } curieux
Mais voyez donc comme
Il lui
Il me } fait des yeux.
Je lui fais des yeux.

(Il sort.)

ÉGLANTINE. Il était temps!... voilà monsieur Alfred.

SCÈNE III

LES MÊMES, ALFRED.

ALFRED, entrant. Vite... répétons...

FIFINE. Qu'est-ce qu'il y a donc, monsieur Alfred?...

ALFRED. Il y a que les Délassements sont fous!... qu'ils ont une idée qui serait pas venue à Charles VI... mais ça ne sera pas!... je lutterai jusqu'au bout... et pour commencer, répétons... la revue... on jouera malgré lui!... En scène, et place au théâtre...

ENSEMBLE.

Air : d'Hervé.

Place! place au Théâtre;
C'est vraiment trop hésiter...
Je suis
Il est } opiniâtre.
Je fais
Il fait } répéter.

(Alfred s'est placé à la table et ouvre le manuscrit, Églantine et Fifine se mettent en rang.)

ALFRED. Allez!... qu'est-ce que vous attendez?

ÉGLANTINE. Il en manque une.

ALFRED. Comment, il en manque une, à quatre heures du matin?... Qu'est-ce qu'elle peut faire, je vous le demande?...

ÉGLANTINE. C'est Léopoldine!

ALFRED. Je m'en doutais!... Toujours la même!... c'est elle qui, un jour, n'est pas venue, parce qu'elle disait avoir oublié l'adresse du théâtre! Où est-elle? Appelez-la...

JULES. Léopoldine!...

TOUTES. Léopoldine!...

SCÈNE IV

LES MÊMES, LÉOPOLDINE.

LÉOPOLDINE. Eh bien, me voilà... Est-ce que le théâtre croule?...

ALFRED. Qu'est-ce que vous avez donc eu, vous?

LÉOPOLDINE. M'sieu, j'ai perdu un petit cousin!

ALFRED. Où ça?... au lansquenet?

LÉOPOLDINE. Non, m'sieu... au Chili...

ALFRED. Qu'est-ce que ça vous faisait, alors, puisque c'est un parent éloigné...

LÉOPOLDINE. Dame, monsieur, les petits-cousins, ça se regrette : on ne sait pas ce qu'ils peuvent devenir... Mais il n'était pas mort... ce n'était qu'une erreur.

ALFRED. Alors, il va mieux...

LÉOPOLDINE. Oui, monsieur, je vous remercie.

ALFRED. Allons, tant mieux...

LÉOPOLDINE. C'est égal, j'ai une fière émotion... C'est ça qui m'a empêché de venir...

ALFRED. A votre place, je serais restée pour fêter sa guérison...

LÉOPOLDINE. Tiens... si j'y avais pensé...

ALFRED. Allons! en scène!... C'est à vous, allez!... (Soufflant.) « Et vous dites que madame la Seine?...

LÉOPOLDINE. » Et vous dites que madame la Seine n'est pas visible.

ÉGLANTINE. » Non, mais moi, son secrétaire, les Filets de Saint-Cloud, je puis vous écouter pour elle...

LÉOPOLDINE. » Je suis la Fontaine Saint-Gustave! »

ALFRED. Comment, Saint-Gustave?... Où avez-vous vu Saint-Gustave?... Il y a Fontaine Saint-Michel...

LÉOPOLDINE. Je le sais bien, monsieur...

ALFRED. Eh bien!...

LÉOPOLDINE. C'est, que je vais vous dire... j'ai un futur qui s'appelle Michel, et il m'a prié de changer le nom, parce que ses parents doivent venir à la première...

ALFRED. Eh bien, à la bonne heure!... altérez le texte!... Mademoiselle n'a pas aussi un fiancé qui s'appelle les Filets de Saint-Cloud, quelquefois... on pourrait changer le nom aussi!... Moi, si ça vous contrarie que je m'appelle Alfred, dites-le, je vais renier ma marraine!...

LÉOPOLDINE. Non, ça ne me gêne plus... ça m'a contrariée le mois passé, mais c'est fini...

ALFRED... C'est heureux... Vous remettrez Michel à sa place... et ne répliquez pas, où je le mets sur l'affiche.

LÉOPOLDINE. Comme c'est amusant! (Boudant.) « Je suis la Fontaine Saint-Michel, na!...

MATHILDE. » Et moi celle des Innocents... l'innocence se peint sur mes traits!... »

ALFRED. Eh bien, elle se peint bien, parlons-en!

MATHILDE. Je n'ai jamais su dire ça, moi!... c'est pas mon emploi, d'abord... je joue les soubrettes...

ALFRED. Mais quand on veut que les traits peignent l'innocence, voilà ce qu'on fait. (Répétant.) « L'innocence se peint sur mes traits... » Vous voyez... on croirait que j'ai quatorze ans, et que je dîne tous les soirs chez ma mère...

MATHILDE, répétant. « L'innocence se peint sur mes... » (S'interrompant.) Oh! non... je ne le dirai jamais... ça me fait trop rire...

ALFRED. Passons... Vous m'étudierez cette innocence-là dans le silence du cabinet... Suivez...

LODOÏSKA. « Voici l'huissier de la Seine! Il nous annonce sans doute son arrivée... »

ALFRED. Eh bien, où est-il, cet huissier?...

JULES. Il faut le remplacer; c'était un choriste que j'ai renvoyé... il voulait toujours s'habiller avec les femmes...

ALFRED. Alors, il n'y a pas d'huissier?...

SCÈNE V

LES MÊMES, ADOLPHE, costumé.

ADOLPHE. Pardon, en voici un...

MATHILDE. Adolphe!

ADOLPHE. Oui, moi... Voilà mon idée... la vois-tu, à présent, mon idée?

ALFRED. Eh bien, il n'est pas mal, celui-là. Vous savez votre rôle?...

ADOLPHE. Je ne m'en doute pas...

ALFRED, soufflant. « La Seine me suit...

ADOLPHE, répétant. « La suit me Seine... »

ALFRED. Ça n'est pas ça, nom d'une pipe!... vous le dites à l'envers!...

ADOLPHE. C'est que je le suis tellement, à l'envers!... (A Mathilde.) Ah! Mathilde!...

ALFRED. Continuons : « Elle a ouï vos noms...

ADOLPHE. « Elle a nom vos oui.

ALFRED, criant. Oui!...

ADOLPHE. Non!...

ALFRED. C'est pas ça, animal.

ADOLPHE. C'est pas ça, animal.

ALFRED. Ah! ça, qu'est-ce que c'est que ce fou-là?...

MATHILDE. C'est un faux choriste...

ALFRED. Un faux choriste.

MATHILDE. Oui, m'sieu, c'est un homme qui me poursuit et qui s'introduit ici pour me perdre.

ADOLPHE. Elle me dénonce.

ALFRED. Qu'on me le flanque à la porte.

ADOLPHE. Moi!

ALFRED. Il n'y a pas de mais... qu'on le bouscule, s'il résiste.

ADOLPHE. Oh! je reviendrai, je reviendrai.

ENSEMBLE.

AIR : d'Hervé.

C'est trop de scandale!
Chassez / Chassons } cet intrus.
Ma / Sa } colère s'exhale;
Qu'il n'y revienne plus.

SCÈNE VI

LES MÊMES, puis MONSIEUR JULES, puis LES DÉLASSEMENTS.

ALFRED. Vite, vite, continuons, parce que du train dont ça va, on aura fini de répéter le prologue le siècle prochain... Au chœur d'entrée, et forté.

CHOEUR, sans musique.

Voici la Seine,
Qu'elle est sereine;
L'air parisien
Lui fait du bien...

ALFRED. C'est trop mou! vous ne pouvez donc pas crier, vous?...

LÉOPOLDINE. Non, monsieur, quand je crie, ça me fait peur.

ALFRED. Reprenons avec énergie, si c'est possible...

JULES, accourant. Arrêtez! arrêtez! ordre de suspendre la répétition.

ALFRED. Voilà ce que je redoutais!...

JULES. Le patron vient lui-même pour vous le dire...

ALFRED. Ça y est!... Il aura signé... Ah! mes enfants, nous sommes fichus!

MATHILDE. Qu'est-ce qu'il y a donc?

ALFRED. Il y a, que les Délassements, piqués comme tout le monde de la tarentule du libre échange, vient d'échanger sa revue de fin d'année contre une pièce anglaise, qu'il m'a supprimé, moi, son compère obligé, qu'il me retire le couplet de la bouche.

TOUTES. Horreur!...

ALFRED. Nous ne jouerons pas de revue. Je ne serai pas compère cette année, ça sera la première fois depuis trente ans!... J'en tomberai malade!...

TOUTES, avec indignation. Oh!...

JULES. Silence, le voici!...

ENSEMBLE.

AIR : *J'ai traversé le Canada.* (Hervé.)

Prenons vite un air désolé,
Son cerveau doit être fêlé;
Pas de revue,
Quelle bévue!
Qu'il s'explique à nous au plutôt,
Et nous verrons si son cerveau
A vraiment un coup de marteau!

LES DÉLASSEMENTS.

N, i, ni, c'est fini,
Me voilà démuni;
J'accomplis mon projet
Sans le moindre regret;
Ma revue aura donc
Les honneurs de London,
Je viens de l'échanger
Contre un drame étranger.

REPRISE DE L'ENSEMBLE.

MATHILDE. Comment, patron... vous avez pu faire une folie pareille?

LES DÉLASSEMENTS. Une folie!... Tu appelles ça une folie!.., moi, je dis que c'est une idée sublime!... l'article anglais, mes enfants... c'est le succès du moment... Voyez plutôt le lac de Glenaston, à l'Ambigu!...

ÉGLANTINE. Mais, qu'est-ce que vous allez jouer à la place?...

LES DÉLASSEMENTS. La Tamise dans sa vie privée... « The private life of the Tamise... » pièce anglaise, avec costumes anglais et paroles anglaises...

ALFRED. Mais personne ne comprendra...

LES DÉLASSEMENTS. Je ferai vendre des explications dans la salle!...

ALFRED. Mais, moi.

LES DÉLASSEMENTS. Toi, je te permets d'aller te promener.

ALFRED. Il me donne mes huit jours... Dégommé! J'en maigrirai.

MATHILDE. Eh bien! et nous?... qu'est-ce que nous allons devenir?

LES DÉLASSEMENTS. Vous, vous allez à Londres...

ÉGLANTINE. Comment, à Londres?

LES DÉLASSEMENTS. Oui, je vous ai échangé contre une troupe anglaise! ..

MATHILDE. Un instant!... Ça ne se peut pas... je veux rester à Paris, moi!... J'y ai des liens!...

LÉOPOLDINE. Et moi donc; Michel en mourrait!...

LES DÉLASSEMENTS. Que personne ne réplique... D'ailleurs, voici la troupe anglaise qui arrive... cédez-leur la place... Je suis le maître, sapristi!... Allons .. qu'on fasse ses paquets et plus vite que ça! ... ou je mets tout le monde à l'amende!

ALFRED. Ah! c'est comme ça, eh bien! adieu, maître ingrat, je vais aller me faire engager ailleurs.

LES DÉLASSEMENTS. Je m'en fiche.

ALFRED, fausse sortie. Mais rappelez-vous ceci, vous êtes un théâtre à la mer, je dirai même plus, vous êtes un théâtre rasé.

LES DÉLASSEMENTS. C'est ce que nous verrons.

ALFRED. Nous nous quittons, je suis trop homme du monde pour vous dire des choses désagréables. Mais vous n'êtes qu'une cruche.

LES DÉLASSEMENTS. Sortez, monsieur, sortez.

ALFRED. Oui, je sors, mais avec dignité... Ça y est!... le hanneton a pris du ventre!...

ENSEMBLE.

AIR : *de la Mansarde du crime.*

Grand Dieu! quelle aventure!
Ah! quel coup!
Jamais on n' vit, je jure,
Un tel fou.

(Alfred sort.)

SCÈNE VII

LES MÊMES, MISS FOLLEN, PRETTY, WILSON, KETTY, SIR PERSIL, ANGLAIS, ANGLAISES.

CHOEUR.

AIR : d'Hervé.

Venons à le happel
De ce théâtre
Pas folâtre.
Notre air solennel
Devra charmer lui, very-well.

PRETTY.

Le Hanglais est bon enfant
Et touriste ingambe;

Le Hanglais est un marchand
Très-accommodant...

WILSON.

La Hanglaise est un' lady
Qui n' l'èv' pas la jambe;
Du rest', ce n'est pas ici
Qu'on voit d' ces chos's-ci!...

REPRISE.

Venons à le happel, etc.

MATHILDE. Oh! qu'elles sont laides!...

LÉOPOLDINE. Eh bien! Les Délassements vont être gentils!

PRETTY. Oh!... que ce était petit!...

WILSON. Le drôle de théâtre...

LES DÉLASSEMENTS. Misses... il ne s'agit pas de flâner... répétez, et dar, dar!... je suis pressé de voir le public accourir!...

MATHILDE. Accourir ailleurs....

LES DÉLASSEMENTS. Le lac de Glenaston, te dis-je!... voyons, faisons répéter tout ce monde-là... et vous, à vos malles! Et maintenant, tournez-moi les talons, et allez voir en Angleterre si j'y mange du rosbif!...

SCÈNE VIII

LES MÊMES, ADOLPHE, EN POMPIER.

ADOLPHE. Un instant!... vous ne ferez pas cette boulette-là?...

LES DÉLASSEMENTS. Quel est ce pompier?...

ADOLPHE. Je ne suis pas un pompier... je suis Adolphe!...

MATHILDE. Encore lui?...

ADOLPHE. Oui... c'était mon autre idée!... j'étais là; j'ai tout entendu... Délassements-Comiques, tu es en démence!...

LES DÉLASSEMENTS. Monsieur!...

ADOLPHE. Je parlerai... j'en ai le droit... car je suis ton public...je paye ma place tous les soirs, strapontin, numéro trois, près de la contrebasse... Nous as-tu consultés avant de faire cet échange? non! eh bien!... rappelle-toi ceci : Délassements... si tu anglaises ton théâtre, je m'installe à perpétuité au théâtre Déjazet!!...

LES DÉLASSEMENTS. Chez la Concurrence?...

ADOLPHE. Et on m'y suivra... c'est moi qui te le dit!

LA REVUE, paraissant. Et il dit vrai!...

SCÈNE IX

LES MÊMES, LA REVUE.

LES DÉLASSEMENTS. La Revue!...

LA REVUE. Oui, la Revue, ton génie protecteur que tu es en train de renier!

LA REVUE.

AIR d'Hervé.

Garde ton genre chéri,
Ton délassement favori;
Ou sinon, crois-le bien,
Nous ne répondons de rien.
Ta verve gauloise,
Ta gaieté narquoise,
Et tes bons mots ont cours
Autant que les jupons courts.

LES DÉLASSEMENTS.

Pourtant, l' libre échange
Me plaît et me change!
Et vous-même, souvent,
N'aimez-vous pas le changement?...

LA REVUE.

Ah! si ton goût penche
Au dram' d'Outre-Manche,
C'en est fait du flon-flon,
Les Délass' vont à London!...
Remets l'épigramme
Dans ton gai programme,
Reviens à tes couplets,
Débarrass'-toi d' tes Anglais!..,

REPRISE DE L'ENSEMBLE.

Garde ton genre chéri, etc.

LES DÉLASSEMENTS. Oui, elle a raison, vous avez tous raison... mes yeux se dessillent d'autant plus que plus je regarde ces têtes-là... (il désigne la troupe anglaise) c'est qu'hélas!... il est trop tard!...

LA REVUE. Pourquoi donc?...

LES DÉLASSEMENTS. J'ai signé... La Revue est déjà livrée... Alfred m'a planté là, je n'ai plus de compère... Je n'ai plus de pièce, et nous sommes au mois de décembre...

LA REVUE. N'est-ce que cela?... mais on peut te confectionner l'un et l'autre.

LES DÉLASSEMENTS. Instantanément?..

LA REVUE. Ne suis-je pas là?... et d'ailleurs qu'est-ce qu'une Revue?... une véritable improvisation, un plat confectionné en quelques instants, avec le mot du jour et l'actualité à la mode; c'est bientôt écrit, et la preuve, c'est que nous allons la faire tous ensemble et séance tenante.

LES DÉLASSEMENTS. Et mon compère.

LA REVUE. Nous le forgerons en même temps et au lieu d'un, tu en auras deux.

LES DÉLASSEMENTS. Ça vaudra t'il mon Alfred!

LA REVUE. Je l'espère! tu verras, qu'on m'apporte la marmite!...

ENSEMBLE.

La gaieté disparue,
Va revivre ici pour toujours;
Car, avec la Revue,
Renaissent les beaux jours. } *Bis.*

(Pendant l'ensemble, on a placé au milieu du théâtre une immense marmite.)

LA REVUE. Voilà le récipient... à l'œuvre, et que tout le monde y mette son ingrédient... c'est comme cela que doit se faire une Revue: c'est un arlequin!...

AIR nouveau d'Hervé.

Dans cette marmite qui bout,
Mettons mille ingrédients ensemble,
Et refaisons, que vous en semble,
Le thé de madame Gibou!...

(Chacun jette à tour de rôle, dans la marmite, des brochures ou l'objet qu'il désigne.)

ADOLPHE.

D'abord, un bon mot de Clairville.

JULES.

Une tirade de Lambert.

ADHÉMAR.

Puis, comme le genre est fragile,
Sans crainte ajoutons-y Duvert.

LODOÏSKA.

Moi, j'y mêle les canards nouveaux.

FIFINE.

Moi, j'y glisse le coup de patte...

MATHILDE.

Moi, j'y mets une fausse natte.

LÉOPOLDINE.

Et moi, des airs que j' chant'rai faux.

LA REVUE.

J'y mets des réclames fort sottes,
Et des souhaits de nouvel an...

JULES.

Moi, j'y mets une paire de bottes!
Car le public est un tyran.

LES DÉLASSEMENTS.

Comme on pourrait crier haro
Sur notre cuisine sans gêne,
Mettons le sel du Diogène,
Et le poivre du Figaro.

LA REVUE.

La chose serait plus parfaite,
Si nous allions, sans le savoir,
Inventer ici la recette
Pour en faire une chaque soir.

REPRISE.

Dans cette marmite qui bout, etc.

(Musique.)

LA REVUE. Ça bout, dans quelques secondes ce sera prêt.

LES DÉLASSEMENTS. Si j'avais su que ça se faisait comme ça, en aurais-je économisé des droits d'auteur.

LA REVUE. Servez chaud! la Revue demandée.

SCÈNE X

LES MÊMES, JOCRISSE et JANOT.

JOCRISSE. Boum!...

JANOT. Boum!...

ENSEMBLE,

JANOT et JOCRISSE.

AIR d'Hervé.

Nous v'là prêts à gober tout,
Et même l'impossible;
Le triste et le risible.
Oui, tout est de leur goût.

JANOT.

On m' dirait que l'éléphant
Épous' l'hippopotame:
Qu'on monte un mélodrame
Avec un lac de sang;
Que l' théâtr' de Bell'ville
Vient à la place Bréda,
Moi, j' suis d'humeur facile,
Et j' gob'rais tout ça...

JOCRISSE.

On me dirait qu' Mexico
Veut s'annexer la France,
Et que Machinski pense
A s' mettr' marchand d' coco;
Qu'ici l'on est fidèle,
Dès que l'on s'attache;
Je suis un gobeux modèle,
Et j' goberai tout ça.

REPRISE DE L'ENSEMBLE PAR LE CHOEUR.

LES DÉLASSEMENTS. Je les reconnais, Jocrisse, Janot.

JOCRISSE. C'est moi-même, n'est-ce pas mon neveu?

JANOT. Oui, mon oncle!

JOCRISSE. Et vous, qui êtes vous?

LES DÉLASSEMENTS. Qui je suis, ils me l'ont demandé? je retrouve ma Revue? Ah! je respire! Je resuis moi-même.

LA REVUE. La preuve, c'est que la gaîté te revient, maintenant, nous n'avons plus qu'à dérouler le panorama... c'est moi qui guiderai ces messieurs!...

JOCRISSE. C'est ça, vous nous guiderez; mon neveu, c'est madame qui sera notre guide! ça te fait-y plaisir!

JANOT, avec élan. Si ça me fait plaisir! (d'un autre ton.) ça m'est égal!...

LA REVUE. En route pour Paris, alors!

LES DÉLASSEMENTS. C'est ça, en route pour Paris (aux Anglais), et, quant à vous, mes enfants, vous figurerez dans la Revue... Si ça vous ennuie, je prendrai vos soucis en considération, et... vous le ferez tout de même.

LA REVUE. En route!...

TOUS. En route!...

ENSEMBLE.

AIR nouveau d'Hervé.

Pour Paris,
Partons, mes amis;

Car chaque année
Doit faire sa tournée;
Au boul'vard,
Courons sans retard;
Que les flons-flons
Soient nos gais compagnons!

LA REVUE.

Jouer aussi d' l'anglais, c'est sans excuse.
Les Délassements sont plus gais et plus fous.
Si cependant l' Glenaston vous amuse,
Vous avez l' droit de l' faire monter chez vous.

CHOEUR.

LÉOPOLDINE.

Nous n'allons pas à Londres, quelle chance!
Michel pleurait de me voir m'en aller.
Auprès d'un autre, hélas! de son absence
Il m'eût fallu là-bas me consoler.

CHOEUR.

ADOLPHE.

Je viens d' sauver de cette anglaise rage,
Les Délassements et tous les siens, ma foi!
Je ne m'étonne plus d'avoir fait ce sauvetage;
J'étais vêtu du costume de l'emploi.

CHOEUR.

JANOT.

Le libre échange est une mode étrange.
Hier, au bal, on m'a pris mon pal'tot.
Pour pratiquer à fond le libre échange,
On me laissait à la place un chapeau.

CHOEUR.

LES DÉLASSEMENTS.

C'est l'Ambigu qui m' fit faire des bêtises;
Mais, grâce à vous, je r'nonce à mes projets.
C'était un drame à traduire aux assises,
Monsieur Denn'ry l'a traduit de l'anglais.

CHOEUR.

JOCRISSE, au public.

Nous commençons, et pour nous je réclame
Votre indulgence, afin d'atteindre au but.
Je dois d'abord vous dire notre programme.
Vous allez voir... ce que vous avez vu.

REPRISE DU CHOEUR.

FIN DU PROLOGUE.

ACTE PREMIER

Deuxième tableau

LE BOULEVARD

SCÈNE PREMIÈRE

LA REVUE, JOCRISSE, JANOT.

ENSEMBLE.

AIR d'Hervé.

Suivez / Suivons } la R'vue,
Car à { ma / sa } vue
Tout va revivre et vite et tôt, } *Bis.*
Lantern' magique,
Moi je me / Elle se } pique
D'avoir toujours du nouveau.

JOCRISSE. Or ça, belle dame, vous nous allez donc montrer les merveilles de Paris...

LA REVUE. Je ne suis là que pour ça.

JOCRISSE. Tu écouteras bien tout, mon neveu.

JANOT. Soyez tranquille, mon oncle, j'ouvre déjà des yeux comme des portes-cochères...

JOCRISSE. Comment trouves-tu la capitale?

JANOT. Superbe!... seulement...

AIR : *du Premier Prix.*

Ce qui m' surprend dans c'te grand' ville,
Où l's habitants sont nés coiffés,
C'est d' voir su' l' boul'vard, à la file,
Tant d' restaurants et tant d' cafés...

JOCRISSE.

Ta cervelle n'est pas étroite;
Bientôt l'on verra, c'est constant,
Faire un seul café de la droite,
Et d' la gauche un seul restaurant.

LE BOULEVARD MALESHERBES, paraissant. Oui, mais c'est ce que je ne permettrai jamais chez moi...

JOCRISSE. Quelle est cette dame?...

LA REVUE. Le Boulevard Malesherbes!

LE BOULEVARD.

AIR d'Hervé.

Brava! bravo!
Admirez subito
Le nouveau
Boul'vard Mal'sherbes.
Brava! bravo!
Admirez subito
Ce nouveau
Boul'vard si beau!
Naguère, des cours pleines d'herbes,
Précédaient d' vieux hôtels
Sempiternels;
Maintenant, j'ai des maisons superbes,
Et partout du décor
D'argent et d'or;
Dans un si beau quartier,
Avec de tels logements,
Une charge de portier
Vaudra cent mille francs. } *Bis.*

REPRISE.

Brava! bravo! etc.

JOCRISSE. Ah! Madame est ce boulevard dont on a fait récemment l'inauguration.

LE BOULEVARD, saluant. Lui-même!...

JOCRISSE. Je me disais aussi : Voilà un personnage qui a l'air ouvert...

LE BOULEVARD. Ce n'est pas sans peine... voilà cinquante-trois ans que j'attends... depuis le décret de 1808!...

JANOT. Cinquante-trois ans!... vous ne les paraissez pas...

LE BOULEVARD. Je crois bien... je n'ai que six mois...

JOCRISSE. Vous les paraissez encore moins... (A part) Flattons-le... (Haut) Et où conduisez-vous?...

LE BOULEVARD. De la Madeleine à la station de Courcelles... chemin faisant j'ai regénéré un quartier perdu... presque ignoré...

JOCRISSE. Boulevard Malesherbes! vous m'allez... seulement vous avez eu tort de laisser à votre droite et à votre gauche des rues suspendues au quatrième étage... et des boutiques juchées au sixième au-dessus de je ne sais combien d'entresols... vous me direz que c'est moins humide... mais ça n'empêche que vos mansardes verront ce qui se passe chez la lune... ce qui gênera peut-être cette planète discrète...

LE BOULEVARD. Il faut bien avoir ses petits défauts... j'ai tant de qualités!... Songez donc que j'ai mis à une portée de cigare du boulevard des Italiens le parc Monceaux, une promenade ravissante...

JOCRISSE. L'ancienne Folie de Chartres...

LE BOULEVARD. Elle-même!... une folie qui en a vu de toutes les couleurs...

AIR : *Madame Grégoire.*

En quatre-vingt-six,
De Chartres c'était la Folie;
Là, tous les beaux fils
Venaient mener joyeuse vie
Ces seigneurs enjoués
Rappelaient les roués;
Tous, en dépit de leur naissance,
Là ressuscitaient la régence...
La noblesse avait
Les mœurs du cabaret.

(Reprise des deux derniers vers.)

LE BOULEVARD. Dix ans après...

AIR : *le Petit Homme gris.*

Que l' peupl' se réjouisse;
D' Monceaux on fait soudain
Un jardin,
Où chacun, c'est justice,
Peut v'nir se reposer,
S'amuser;
Un endroit chéri,
Un lieu favori,
Où le vrai plaisir rit.
Le joli Ti- (*Ter.*)
Voli!

REPRISE.

Le joli Ti- (*Ter.*)
Voli!

(Parlé.) Mais maintenant...

AIR : *Promenade de Saint-Cloud.*

La plus bell' des promenades,
C'est celle du parc Monceaux,
Avec ses lacs, ses cascades,
Ses ruines en arceaux...
Mais le promeneur maussade
Ne va que fort peu par là...

JOCRISSE.

Transportez Monceaux à Bade, } *Bis*
Et tout Paris y courra. } *en chœur.*

JANOT. Nous irons voir ça, mon oncle?...

LE BOULEVARD. Je l'espère.

JOCRISSE. Certainement, nous irons.. quand vous serez pavé...

ENSEMBLE.

AIR : *As-tu vu la casquette?*

De { vous / nous } voir
J'ai / Elle a } d'avance
L'espérance
De { vous / nous } voir.

REPRISE ENSEMBLE.

J'emporte / Il emporte } le bon espoir.

JOCRISSE. Oui, nous irons... mais en voiture... quand j'en aurai une... avec un cocher sérieux.

JANOT. En parlant de cocher en voici un...

(Paraît un cocher; le Boulevard sort.)

SCÈNE II

LES MÊMES, moins LE BOULEVARD, UN COCHER.

LE COCHER. Chut!...

JANOT. Qu'est-ce qu'il a, celui-là?...

LE COCHER. Ne dites pas que vous m'avez vu... on m'obligerait à marcher... et je ne veux pas!... je vas donner ma démission!...

JOCRISSE. Vous avez donc du foin dans vos bottes?...

LE COCHER. Du foin?... Dites que je vais être sur la paille... Vous n'avez donc pas regardé mon fouet?...

LA REVUE. Un crêpe, en guise de mèche...

LE COCHER. Chut!...

JOCRISSE. Nous ne disons rien... Ah !... mais il m'embête... C'est un cocher des pompes funestes...

LE COCHER. Comprenez-vous qu'on nous défende de faire claquer notre fouet?...

JOCRISSE. Je comprends ça... Vous donniez trop souvent dans l'œil à la pratique...

LE COCHER. Nous forcer à mettre une lanière en cuir... Faites donc marcher cocotte avec ça!... Ça fait bien clic! mais ça ne fait plus clac!... il n'y a plus mèche... hélas!...

AIR nouveau d'Hervé.

N'y a plus mèche ; (*Bis*)
Aussi j'en deviens revêche ..
N'y a plus mèche. (*Bis.*)
Ah! quel affront
Pour mon front!...
Un affreux souci m'assiége
Du matin jusques au soir,
Et je jette sur mon siége
Ce cri de mon désespoir.

ENSEMBLE.

N'y a plus mèche; (*Bis.*)
Aussi j'en deviens / C'est à devenir } revêche.
N'y a plus mèche; (*Bis*)
Ah! quel affront
Pour { mon / son } front!

LA REVUE.

Soyez d'humeur résignée;
Un ordr' n'est pas un jouet;
J'ter l' manche après la cognée,
C'est perdr' le manch' de vot' fouet.

REPRISE.

JANOT.

L'aut' soir, en tenant la rampe,
Je montais dans mon réduit;
Le concierge éteignit sa lampe,
Et me cria dans la nuit :

REPRISE.

JOCRISSE.

Quand, du fond de mon alcôve,
J' vis, pour la première fois,
Hélas! que j' devenois chauve,
Je m' dis, en baissant la voix...

REPRISE.

LE COCHER. Oter la mèche à un cocher... mais c'est retirer la baïonnette à un soldat... Aussi qu'est-ce que j'ai fait?...

JOCRISSE. Ah! oui... voyons un peu ce que vous avez fait...

LE COCHER. Vous savez que le soir nous sommes tenus d'allumer les lanternes de nos voitures...

JOCRISSE. Je connais cet usage... continuez de m'éclairer...

LE COCHER. Eh bien! moi... je n'allume pas...

JOCRISSE. Mais alors, vous êtes un homme complétement dépourvu de lumières...

LE COCHER. Du tout! je suis un malin... et quand le buraliste me reproche mon absence de lumignon... — Eh! bien ! après!... que j'lui dis... j'exécute l'ordonnance... j'ai bien une lanterne, mais n'y a plus mèche...

JOCRISSE. Farceur!... c'est un trait que vous décochez...

LE COCHER. Faut ben se consoler de sa mésaventure... mais, voyez-vous... ils auront beau faire.. j'en aurai toujours une de mèche...

LA REVUE. De la résistance....

LE COCHER. Chut!... ne me trahissez pas... d'abord celle-ci... une mèche de cheveux de ma bonne amie...

JOCRISSE. Jolie crinière!... Cheveux garance...

LE COCHER (tirant un bonnet de coton). Et puis, celle-là...

AIR de *l'Apothicaire*.

Car la mèche de mon bonnet
N'est pas soumise à l'ordonnance.
Ell' me rappelle cell' de mon fouet
Et d' la r'voir me donn' l'espérance:
Elle console mon regret
Lorsque d'ennui je me dessèche.
N'en dites rien, soyez discret (*Bis*).

JOCRISSE.

J' vous promets de n' pas vendr' la mèche (*Bis*).

LE COCHER. C'est elle qui m'aide à supporter mon malheur... Aussi je vais reprendre mon service... si vous avez besoin de moi... vous me trouverez au premier kiosque à droite...

JANOT. Comment ça?...

LA REVUE. C'est bien simple...

AIR : *Charlatanisme.*

Comme les marchands de journaux,
Les buralistes de voiture
Ont des kiosques tout nouveaux,
Où rédiger leurs écritures .

JOCRISSE.

Il est certain que les journaux
Dans les kiosques qu'on leur consacre
Ont mieux marché... leurs numéros
Ont tous les soirs plus de lecteurs nouveaux.
Ça f'ra-t-il mieux marcher le fiacre (*Bis*).

LE COCHER. Monsieur fait sa petite critique... (cris au dehors.) On vient...je m'esquive... chut!... (Il sort.)

SCÈNE III

LES MÊMES, moins LE COCHER, LE CONDUCTEUR, LE MARIN.

ENSEMBLE.

AIR d'Hervé.

Plus un mot,
C'en est trop;
Que l'on nous / Oui, qu'on les } juge au plus tôt.
On verra,
On dira
Qui de nous l'emportera.

DEUX FOIS LE REFRAIN.

LE MARIN.

Omnibus,
Cédez la place au nouvel us.

LE CONDUCTEUR.

Non, jamais
Vous n'atteindrez à mes
Complets.

LE MARIN.

Voyageurs,
Mes beaux projets sont des meilleurs.

LE CONDUCTEUR.

Ne l'écoutez pas.
Et de ce pas
J' veux, en tous cas,
L' couler bas.

REPRISE.

Plus un mot, etc.

LE CONDUCTEUR. Monsieur... Soyez notre juge de paix...

JOCRISSE. Je veux bien... Janot, je te nomme mon greffier...

JANOT. Merci, mon oncle...

JOCRISSE. Allez-y!...

LE CONDUCTEUR. Je suis conducteur d'omnibus...

JOCRISSE. Je m'en étais douté!...

LE CONDUCTEUR. Mon service satisfaisait les voyageurs de l'intérieur comme ceux de l'étagère... tout à coup!... ce marin d'eau douce se présente et déclare vouloir me faire concurrence...

JOCRISSE. Comment!... On va donc aller en bateau dans les rues de Paris!... j'y suis... je m'explique la chose...

AIR de *l'Artiste*.

C'est l' puits d' Passy, je parie,
Qui vient de déborder,
Et s' permet, quell' folie!
D' vouloir nous inonder ;
On l' perçait, coût' que coûte ;
Soudain le flot est venu :
Ce diabl' de puits, sans doute, } *Bis.*
S' s'ra trop longtemps r'tenu. }

LE MARIN. Oui , monsieur... Non, ce n'est pas ça... j'établis sur la Seine des bateaux-omnibus à vapeur de Saint-Cloud à Charenton... Les gondoles parisiennes à l'instar de Londres...

LA REVUE. Toujours l'Angleterre...

JOCRISSE. Parbleu!...

LE MARIN. Trois centimes le kilomètre... des stations, en veux-tu? en voilà!...

AIR d'Hervé.

Dans mes filets, j' prends tout Saint-Cloud ;
D' voyager personn' ne se sèvre,
Et bientôt, c'est comme une fièvre,
Aux gondoles chacun prend goût.
J' débarqu' les bell's à l'Il' des Cygnes,
Les grognards au pont d'Iéna ;
Les jeun's soldats, les anciens dignes,
Je les descends au pont de l'Alma ;
Les gens à procès, les braillards,
J' les dépose au pont de la Concorde ;
Et, pour les artistes, j'aborde
Aux Beaux-Arts, près du pont des Arts.
Je débarque au Jardin des Plantes,
Bonn's d'enfants et rentiers aussi.
Joyeux buveur, tu te contentes
De la station de Bercy ;
A la Grande-Pinte, à bon port,
J' laisse l'amateur de ripopée ;
Les coulissiers à la Râpée,
Et les maquignons près d'Alfort.
Bref, j'ouvre des débarcadères
Pour tous les goûts, se dira-t-on ;
Et, grâce à moi, mes actionnaires
Iront tout droit à Charenton !

ENSEMBLE.

Dans { mes / vos } filets, { j'prends tout / prenez } Saint-Cloud.
D' voyager, personne ne se sèvre ;
Et bientôt, c'est comme une fièvre,
Aux gondoles chacun prend goût.

JOCRISSE. Eh bien ! Je ne vois pas de mal à ça, moi... Nous avons les omnibus de terre, nous aurons les omnibus d'eau...

LA REVUE. Allons ! faites la paix...

JANOT. Opérez votre fusion.

LE CONDUCTEUR. Voilà comme je l'opère... Je désire que ses bateaux-omnibus coulent à fond.

JOCRISSE. Ce n'est pas la fusion qu'il demande, c'est l'infusion...

LA REVUE. N'importe!... embrassez-vous et que ça commence... le soleil luit pour tout le monde...

JOCRISSE. Sol lucet omnibus!...

JANOT. Comment, mon oncle, vous parlez latin!...

JOCRISSE. Du tout! c'est du pur français... mon neveu... Sol, c'est une note de musique... Lucette, c'est mon premier amour... Quant à l'Omnibus... c'est la question en question... — Nous voilà d'accord... — Roulez! complet!...

ENSEMBLE.

AIR d'Hervé.

Allons-nous-en / Allez-vous-en } vite!

Voyagez presto ;
Car le vrai mérite,
C'est d'arriver tôt.

(Le conducteur et le marin sortent.)

SCÈNE IV

LA REVUE, JOCRISSE, JANOT.

LA REVUE. Les gondoles parisiennes?... bonne idée!... pourvu que le projet ne tombe pas dans l'eau!... il est vrai qu'elles auraient la ressource des bateaux insubmersibles...

JANOT. Des bateaux insubmer?... Qu'est-ce que c'est encore que ça?...

JOCRISSE. Comment! neveu aussi obtus qu'arriéré... tu ne sais pas ce que c'est que le bateau insubmersible?...

JANOT. Et vous?...

JOCRISSE. Je le sais.

AIR de Calpigi.

C'est une invention magnifique,
C'est une découverte unique,
Qui fonctionne au Pont-Royal...
L'inventeur n' s'en trouv' pas plus mal;
Il n' fait qu' regarder au total.
Son bateau, qui dans l'eau séjourne,
Au plus petit choc se retourne...
L'eau n'entre pas dans le bateau,
Le bateau seul entre dans l'eau. (*Bis.*)

JOCRISSE. Et comme ça... il n'y a que les passagers de noyés?...

JANOT. C'est toujours ça de gagné... Il y en a-t-il des curiosités dans cette ville?... Il y en a-t-il?...

SCÈNE V

LES MÊMES, L'AQUARIUM.

L'AQUARIUM. Qu'est-ce qui parle de curiosités... j'en suis une... et la plus nouvelle...

JOCRISSE. Que représente cette jeune personne aussi blonde que modeste?...

L'AQUARIUM. L'Aquarium...

JANOT. Encore un nouveau lac...

LA REVUE. Une fantaisie à la mode qui fait le succès du Jardin zoologique...

JANOT. Où prenez-vous le Jardin zoo?...

LA REVUE. Au Bois de Boulogne.

AIR : *V'là c' que c'est qu' d'aller au bois.*

Sa merveille est un grand bocal,
Visible dans un grand local;
On y voit vivre dans l'eau claire,
Dans l'eau de rivière,
Ou dans l'onde amère,
Tous les poissons... sans décorum...
Vl'à c' que c'est qu' l'Aquarinm.

REPRISE.

Les poissons viv'nt sans décorum,
Vlà c' que c'est qu' l'Aquarium.

L'AQUARIUM. Vous saisissez? Oui, monsieur, chez moi toutes les familles de poissons nagent et folâtrent au milieu de roches artificielles et de plantes on ne peut plus marines... et tout ça sous le regard du public...

JOCRISSE. Oui... indiscrétion blâmable!... On peut pénétrer dans la vie privée de la carpe et du barbillon...

L'AQUARIUM. Précisément!...

JOCRISSE. Oh! effet des temps!... il n'y a plus rien de secret.

L'AQUARIUM. Oui... mais quels magnifiques résultats j'obtiens...

LA REVUE. A vous tout seul...

L'AQUARIUM. « Moi seul, et c'est assez! »

AIR nouveau d'Hervé.

Grâce à moi, du poisson
L'existence enfin est connue;
Et l'on passe en revue
Jusqu'à sa plus p'tite action;
Mais les fruits les meilleurs
De mon systèm', de mon prodige,
C'est qu' du poisson j' corrige
Les habitudes et les mœurs.

La carpe ne s' pâm' plus ;
La limande est moins plate ;
L'anguill', moins délicate,
N' pouss' plus d' cris superflus;
L' brochet n'est plus glouton;
Le r'quin, moins gastronome,
S'abstient de manger d' l'homme,
Et le thon
A bon ton.

ENSEMBLE.

Grâce à {moi, / vous,} du poisson
L'existence enfin est connue,
Et l'on passe en revue
Jusqu'à sa plus p'tite action.

L'AQUARIUM. Mais pardon... On m'attend pour acclimater un éperlan et trois bourriches d'huître.

JOCRISSE. Allez, madame, et que les poissons vous pardonnent!...

(L'Aquarium sort sur la ritournelle de l'air suivant.)

SCÈNE VI

LES MÊMES, moins L'AQUARIUM, LE FACTEUR.

LE FACTEUR.

AIR nouveau d'Hervé.

Je suis le galant facteur
Le facteur travailleur,
Le facteur pas flâneur
De la petit' poste.
Malgré mon air troubadour
Je n' chôm' pas un seul jour.
En besogne, en amour,
J'suis fidèle au poste;
Tra la la,
Me voilà,
Accourez par ci, par là;
Venez tous,
J'ai pour vous
Lettr's et billets doux.

Mon état n'est pas d'hier,
L'premier facteur fut Mercure,
Qui portait de Jupiter
Les lettres... mais sans voiture ;
Seul'ment on dit qu'à chaqu' pied
Ce facteur avait une aile.
J' n'en ai pas, pourtant, l'métier
Ne me trouv' jamais sans zèle.

REPRISE.

{Je suis / Voilà} le galant facteur,
Le facteur travailleur,
Le facteur pas flâneur
De la petit' poste.
Malgré {mon / son} air troubadour
{Je n' chôm' / Il n' chôm'} pas un seul jour,
En besogne, en amour
{J'suis fidèle au / Il est à son} poste.
Tra la la,
{Me / Le} voilà,
Accourez par ci, par là,
Venez tous,
{J'ai / Car} pour vous
{Lettr's et / Sont ses} billets doux.

JANOT. Un facteur... mais ce n'est pas une invention de l'année.

LE FACTEUR. Moi, possible... mais mon tube atmosphérique en est une et une un peu trouvée...

JOCRISSE. Je demande des explications...

LE FACTEUR. C'est simple comme 2 et 2 font 5... Nous supprimons les courriers, les bureaux ambulants, le télégraphe électrique... un vulgaire tuyau en caoutchouc suffit à la transmission des dépêches... Cric!... je fourre mes lettres dans le tuyau... Cric!... je le bourre comme un canon, crac! voilà une correspondance partie... lancée... distribuée... par la simple pression atmosphérique...

JOCRISSE. Mais comment faites-vous le tri de vos lettres?...

LE FACTEUR. Par le système diviseur.

JOCRISSE. J'ai peur de commencer à comprendre...

AIR : *Voltaire chez Ninon.*

Je n' digèr' pas votre tuyau,
J'aim' mieux le télégraphe électrique.

LE FACTEUR.

Laissez donc... ce moyen nouveau
Va d'venir d'un usag' pratique.
On dit qu' lettr's ne marchent pas,
On nous oppos' les anciens maîtres
J' crois bien qu' mon système en tous cas
S'ra d' force à fair' marcher les lettres. } (*Bis.*)

(Bruit de claquette.)

Mais pardon! voilà l'heure de la distribution...

JOCRISSE. Allez, pressé jeune homme!... et que votre tube réussisse!...

LE FACTEUR.

AIR : *De la Gallegada.*

Je vais charger un mètre cube
De billets et de lettres de part;
Et le tout, en passant par mon tube,
Arrivera... même avant le départ.

ENSEMBLE.

{Je vais / Allez} charger un mètre cube
De billets et de lettres de part;
Et le tout, en passant par {mon / son} tube
Arrivera... même avant le départ.

(Le facteur sort.)

SCÈNE VII

LES MÊMES, puis LE ROI D'ARAUCANIE.

A la sortie du facteur, une affiche sort de terre portant ces mots :

BROSSE VOLTA-ÉLECTRIQUE

Guérison instantanée de toutes les douleurs connues ou inconnues, etc.

JANOT. Qu'est-ce que c'est que ça?

LA REVUE. Une autre invention de l'année...

JANOT, lisant. « Brosse-Volta électrique... » Qu'est-ce que c'est que cette brosse-là, mon oncle?...

JOCRISSE. C'est une brosse qui guérit...

JANOT. Comment? une brosse-médecin?...

JOCRISSE. Est-ce que le progrès connaît des limites?...

AIR connu.

On guérit tous les maux, corbœuf!
Grâce à cette brosse électrique,
De vous remettre un homme à neuf,
L'inventeur à l'instant se pique...

JANOT.

J'en veux essayer au plus tôt;
Ce soir, je tenterai l'épreuve ;
Je brosserai mon vieux pal'tot
Pour en faire une redingote neuve. } *Bis.*

(L'affiche disparaît.)

LE ROI D'ARAUCANIE, entrant. Ah! c'est moi,

monsieur, qui aurais besoin d'un objet qui guérisse de la débine !...

JOCRISSE. Quel est ce mendiant suspect?...

LE ROI D'ARAUCANIE. La charité, s'il vous plaît ?...

JOCRISSE. Voilà deux sous en nickel.

JANOT. Du nickel ?...

JOCRISSE. Oui, c'est la nouvelle monnaie belge.

LE ROI D'ARAUCANIE. Deux sous ?... c'est insuffisant... c'est plusieurs millions qu'il me faut.

JOCRISSE. Monsieur, je regrette de ne pas les avoir sur moi... car si je les avais, je m'empresserais de les garder.

LE ROI D'ARAUCANIE. Je vous comprends, monsieur...

JOCRISSE. Mais qui êtes-vous, car, enfin, quand je donne j'aime assez savoir à qui.

JANOT. Au fait!... Oui... quel est ce pauvre sire?

LE ROI D'ARAUCANIE. Pauvre sire... vous l'avez dit.

AIR : *Roi de Béotie.*

Je suis le roi d'Araucanie,
Ancien avoué de Périgueux.
Ma débine est assez jolie,
Car mon peuple est un tas de gueux.
Je n'ai plus ni bottes ni linge;
Je ne mets pas la poule au pot;
On me paye en monnai' de singe.
Faute d'impôt,
Je n'ai pas d' magot.

LA REVUE. Un avoué roi.

LE ROI D'ARAUCANIE. Oui, monsieur... je végétais dans ma ville natale... le goût des voyages me prit... Je tombais chez les Araucaniens auxquels je m'offris comme avoué... ils n'avaient besoin que d'un roi dans ce moment-là... c'était une position médiocre... Je fis la bêtise de l'accepter... en attendant...

JOCRISSE. Fichtre!... En attendant quoi?...

LE ROI D'ARAUCANIE. Hélas! monsieur, j'eus bien tort... les Araucaniens sont dans une de ces détresses... ils n'ont pas de quoi nourrir leur roi... et j'ai été forcé de réformer mon cabinet parce qu'il me devenait inutile... Alors je suis venu à Paris dans l'intention de faire un emprunt...

JOCRISSE. Vous avez encore des illusions, vous...

LE ROI D'ARAUCANIE. L'emprunt n'a pas réussi.

JOCRISSE. Eh bien, ça m'étonne !.. vrai.

LE ROI. J'ai récolté dix-sept francs... Alors, en ce moment, je suis en train de mûrir une autre idée...

JOCRISSE. Voyons cette idée mûrie...

LE ROI D'ARAUCANIE. C'est de mettre mon royaume en actions...

JOCRISSE. Au fait, c'est peut-être un moyen...

LE ROI.

AIR : *de Marianne.*

Oui, monsieur, mon idée est grande;
Mes bailleurs de fonds profit'ront,
Pour intérêts et dividende,
Des conquêt's que mes peupl's feront...
Pour satisfaire
L'actionnaire,
Pour cent actions, je nomme dignitaire;
Pour un' dizaine,
J' nomm' capitaine,
Et général pour une cinquantaine.

JOCRISSE.

Votre truc est parfait, cher maître;
Mais je vous l'demande entre nous,
Pour une action, que m' nomm'rez-vous?

LE ROI.

J' vous nommerai garde champêtre. (*Bis.*)

JOCRISSE. Mais certainement... Avec un peu de publicité, de la réclame, vous réussirez...

LE ROI. Je nourris ce fol espoir!

JOCRISSE. Je vous donne ma parole que je le nourris comme vous... les gogos ne vous manquent pas... à Paris, surtout!...

LE ROI. Je le sais... il ne s'agit que bien présenter la chose.

JOCRISSE. Et tenez, voici quelqu'un qui vient : séance tenante, tâtez-le!...

LE ROI. Je le tâterai...

SCÈNE VIII

LES MÊMES, CORNALINE.

AIR : *Mon galoubet.*

C'est une horreur! (*Bis.*)
Le rouge à la face me monte;
J'en tremble encore de fureur...
N'attendez pas que j' vous raconte
Ce qui vient de causer ma honte...
C'est une horreur! (*Bis.*)

TOUS. C'est une horreur (*Bis*).

JOCRISSE. Voilà une dame bien furieuse.

CORNALINE. Oh! oui! furieusement furieuse... Pardon, monsieur, je ne vous voyais pas... Vous allez bien?...

JOCRISSE. Pas mal, merci.

CORNALINE. Madame votre épouse aussi?

JOCRISSE. Au mieux! (*Galment.*) elle est morte! (*Sur un autre ton.*) Nous l'avons perdue à Austerlitz...

CORNALINE. Recevez mes félicitations...

JOCRISSE. Je les reçois, belle dame.

CORNALINE. Et vos enfants?...

JOCRISSE. Ils vont mieux.

CORNALINE. J'en suis fort aise... Ah! monsieur, je suis bien indignée, telle que vous me voyez!...

JOCRISSE. Peut-on savoir pourquoi, s'il n'y a pas d'indiscrétion.

CORNALINE. Pardon!... c'est qu'il y en a...

JOCRISSE. Alors avec indiscrétion!...

CORNALINE, *désignant Janot.* Ce jeune homme est majeur?...

JOCRISSE. Pas encore.

CORNALINE. Alors, venez par ici... monsieur, je suis une victime des travaux de l'égout collecteur!...

JOCRISSE. Que vous ont-ils fait, ces scélérats de travaux?...

CORNALINE. Ce qu'ils m'ont fait, monsieur, ils nous empêchent de marcher dans les rues...

JOCRISSE. Et la raison?...

CORNALINE. Dans tous les coins des hommes sont à un pied au-dessous du sol à travailler, on passe sans y prendre garde et...

AIR :

Ah! vraiment, j'en suis furieuse,
Au sexe c'est manquer d'égards;
A ces grand égouts que l'on creuse,
On ménage certains regards,
Des ouvertur's dignes d'éloges
Où les égoutiers (les fripons!)
Sont tout bonn'ment aux premièr es loges
Pour voir le bas de nos jupons.

JOCRISSE. Restez avec nous... jusqu'à présent sur cette place, nous n'avons pas encore d'yeux souterrains indiscrets, et...

PREMIER ÉGOUTIER, *qui a passé la tête depuis quelques instants à un regard près de Cornaline.* Jolie jambe!

CORNALINE. Mais qu'est-ce que je vous disais?

DEUXIÈME ÉGOUTIER, *de même près de la Revue.* Ravissant mollet!...

LA REVUE. Ah! Qu'est-ce que c'est que ça?

TROISIÈME ÉGOUTIER, *près de Janot.* Il y a de la crotte sur cette bottine-là.

JANOT. A la garde!

CORNALINE. Vous voyez, vous voyez!

CURATIER, *de même au milieu.* Jupon brodé! valenciennes de choix!...

CORNALINE. Horreur!...

ENSEMBLE.

AIR : *Mansarde du crime.*

Je crie au sacrilége,
Désormais
Qu' l'autorité protége
Les mollets.

(*Le Curatier vêtu en dandy, lorgnon sur le nez, etc. est, pendant l'ensemble, sorti de son trou.*)

Suite de l'air.

CURATIER.

Pourquoi donc, madame,
Condamner le collecteur,
Grâce à lui, mon âme,
Aura su toucher un cœur.

REPRISE DE L'ENSEMBLE.

JOCRISSE. Un récureur de la haute!...

CURATIER. Mais certainement, monsieur, nous sommes tous vêtus de la même façon... si vous croyez qu'avec un égout comme celui-ci, on peut y travailler mal mis... d'ailleurs les places y sont excellentes... moi qui vous parle, monsieur, j'y ai de fort jolis appointements et un appartement superbe... avec une vue adorable.

CORNALINE. Ah!...

JOCRISSE. Un appartement dans l'égout!...

CURATIER. Mais certainement, monsieur, cet égout est un palais. Venise est complétement distancée... quand il sera terminé, je compte y donner des soirées...

JOCRISSE. Dans l'égout?

JANOT. Dame! vous savez, mon oncle, des goûts et des couleurs...

CURATIER. Et j'espère même qu'elles feront sensation... d'ailleurs les rafraîchissements seront à notre portée...

JOCRISSE. Ah, oui! les rafraîchissements...

CURATIER. Et mais, qu'est-ce que j'ai donc? (*L'Argot a paru au fond*) et...

CORNALINE. C'est comme moi, je...

LE ROI D'ARAUCANIE. Tiens! ma langue me tourne.

CURATIER. J'ai des envies de changer de langage.

CORNALINE. C'est bizarre!... je veux parler avec distinction, je ne trouve que des expressions légères...

JANOT. Tiens! ça me gagne aussi.

JOCRISSE. Qui donc nous influence?

L'ARGOT, *s'avançant.* Et parbleu, c'est moi.

JOCRISSE. l'Argot!

L'ARGOT. En personne.

SCÈNE X

LES MÊMES, L'ARGOT.

AIR d'*Hervé.*

L'ARGOT.

Je m' présente tout d' go
Oui, je suis l'Argot;
J'ai du bec et de l'ergot,
Je dévide à gogo;
Sans tic-toc,
J'ai d' l'estoc
Et je trouve toc
Tout autre boniment en bloc;
Je parle un français,
Mêlé de Rabelais
Qui se rit des obstacles
J' suis vieux comm' l'amour
Car j'ai vu le jour
Dans la Cour
Des Miracles.

ENSEMBLE.

Je m' présente } tout d' go,
Il s' présente }
Oui, je suis } l'Argot.
Oui, voilà }

J'ai du bec et de l'ergot.
Quel bec et quel ergot!
J' dévide } à gogo,
Parle-il }
Sans tic-toc.
J'ai d' l' } estoc.
Quel }
Et je } trouve toc.
Je le }

Tout autre, etc.

JOCRISSE. Que vient faire l'Argot dans cette affaire!

LA REVUE. C'est un des produits de l'année... Jamais il n'a pris autant d'extension que cette fois!...

L'ARGOT. Et on s'en flatte!... car l'année a été bonne pour petit argot à pépère... Mes disciples m'ont forgé cinq ou six mots nouveaux... La langue française, ma supérieure, ne peut pas en dire autant!...

AIR :

De cinq ou six mots, ô merveille!
Mon répertoir' s'est augmenté,
Nous avons : « Je la fais à l'oseille! »
« Ah! quel typ! » se place à côté.
Et puis, pour blâmer la fadaise
Je crée encore un nouveau mot :
« Elle est mauvaise! Elle est mauvaise! »
C'est le triomphe de l'art goth.

JOCRISSE. C'est égal, Argot, vous n'aurez pas mon suffrage... je vous trouve ignoble, et ceux qui vous propagent ont tort... Si cela continue, l'argot se sera infiltré dans toutes les classes, et, le temps aidant, savez-vous ce qui arrivera?

L'ARGOT. Non.

JOCRISSE. Eh bien, je vais vous le montrer. Dans quelques vingt ans d'ici, du train dont vous prospérez, voici comment s'exprimeront ces grandes dames dont nous sommes si fiers à présent; écoutez.

SCÈNE XI

LES MÊMES, LA MARQUISE, LA DUCHESSE.

(Musique. — La marquise et la duchesse, en robes à queue exagérée, portées par des pages, entrent chacune de son côté.)

LA DUCHESSE. Ah! chère marquise, que le hasard est donc rigolo de me faire vous rencontrer sur le turf.

LA MARQUISE. Je n'espérais pas non plus ce bonheur, chère duchesse, j'en suis épatée.

LA DUCHESSE. Vous ne fûtes donc point hier à l'Op.-Com.?

LA MARQUISE. Non... mon crétin de marquis m'a forcée à garder la case... c'est infect!...

LA DUCHESSE. Quel type!... Le monde ne croit cependant pas que vous la fassiez à la tristesse.

LA MARQUISE. Ah! j'ai pourtant un rude cheveu.

LA DUCHESSE. Du reste, ma vieille, vous ne perdîtes rien à ne pas entendre la musique nouvelle... toutes mélodies d'occase... on n'en a pas boni une!... D'honneur, je n'ai jamais été rasée comme à cette représentation...

LA MARQUISE. Brisons-là... Ce discours mélodique me bassine.

LA DUCHESSE. Et moi, il me coupe la figure à quinze pas.

JANOT. Et moi, il me gagne.

LE ROI ET LE CURATIER. Moi aussi.

CORNALINE. Et moi donc.

L'ARGOT. Bravo!... je triomphe.

JOCRISSE. Je la fais également.

JANOT. Moi aussi... je peux la faire à l'oseille... On va voir si je n'ai pas aussi mon petit boniment.

CORNALINE. Et moi... non... c'est que je tousse!...

LA REVUE. L'épidémie est complète...

LE ROI. Des navets!...

CURATIER. Des nèfles!...

JANOT. Des pruneaux!...

JOCRISSE. Assez!...

JANOT. Oui, assez... j'en ai trop d'argot... qu'on m'apporte un académicien... qu'on me désargote... à bas l'argot!...

AIR : *Laissez les rosiers.*

J'aim' mieux la langue de Racine...
J' suis ridicul', mais pourquoi non?
J'aim' mieux les vers de Lamartine,
Mêm' la pros' de Fénelon...
Allez! rentrez dans vos ornières,
Et ne corrompez plus les gens...
Laissez les enfants à leurs mères,
Et laissez l'argot aux truands.

L'ARGOT. Merci de la leçon, mon vieux, on tâchera d'en profiter...

JOCRISSE. En attendant, évitons sa société... (à la Revue) Belle dame, conduisez-nous ailleurs...

LA REVUE. A vos ordres... suivez-moi au jardin des Tuileries!...

JOCRISSE. Va pour les Tuileries... Messieurs et Mesdames, je suis bien le vôtre!...

JANOT. Nous sommes bien les vôtres!...

ENSEMBLE.

AIR d'Hervé.

Partons tout de suite,
Partons au plus tôt,
Pour voir au plus vite
Un autre tableau!

(Sortie générale. Changement.)

Troisième tableau

LES

MARIONNETTES DES TUILERIES

Le Jardin; face au public. — Le théâtre des Marionnettes; toile baissée.

SCÈNE PREMIÈRE

JOCRISSE, JANOT, LA REVUE.

JANOT, entrant. Oh que c'est joli par ici!

JOCRISSE. Janot!

JANOT. Mon oncle!

JOCRISSE. Je vous défends de trouver les choses jolies avant que Madame et moi n'ayons parlé! Est-ce vous qui êtes votre oncle ou moi?

JANOT. C'est vous, puisque je suis votre neveu.

JOCRISSE. Eh bien! si vous êtes mon neveu mettez votre langue dans votre poche. (A la Revue) Or, belle dame, nous sommes donc dans le jardin des Tuileries?

LA REVUE. Vous y êtes. Ce jardin a offert quelques curiosités cette année, et vous devez les visiter.

JOCRISSE. Mon Dieu! visitons-les. Qu'est-ce que je demande, moi? C'est de montrer tout à cet animal-là (il désigne Janot) afin de le décrasser un peu, et pour qu'il ne me demande plus si l'Obélisque est un homme et la place de Concorde, son épouse?

JANOT. Dame, on me l'avait dit.

JOCRISSE. Taisez-vous d'autant plus que voici quelqu'un qui nous arrive.

LA REVUE. C'est le Jardin des Tuileries qui vient lui-même vous faire les honneurs de chez lui.

SCÈNE II

LES MÊMES, LE JARDIN.

LE JARDIN.

AIR d'Hervé.

Je suis un beau jardin
Où la jeunesse et la vieillesse
Peuvent, pleins d'allégresse,
Trouver le bonheur sous la main.

J'ai des gazons touffus,
De vastes berceaux d'arbre,
Des grands hommes de marbre
Qui n' sont pas trop vêtus.
L'été, j' donne au badaud
La musique militaire,
Et l' dimanche, pour lui plaire,
J'ouvre tous mes jets d'eau.

J'offre un coin sans pareil
Au vieillard en enfance,
A la p'tite Provence
Il s' chauffe au soleil.
Bref, chez moi sont appelés
Les pauvres et les riches,
Je n'exclus qu' les biches
Et les chiens non mus'lés.

REPRISE.

Je suis un beau jardin, etc.

JOCRISSE. Oui, je vous reconnais, vous me rappelez mon âge tendre; moi aussi, avant de tirer à la conscription, je suis venu batifoler sous vos ombrages. Ah! c'était le temps heureux! c'était l'époque bénie du pain d'épice et des berlingots panachés.

AIR : *Te souviens-tu.*

Il me souvient que dans la grande allée,
Je déchirai treize fois mon pantalon;
Il me souvient qu'après une mêlée
Un vieux gardien m' donna des coups d' bâton.
Une autre fois, entr'autres plaisanteries,
Je noyai une bonne dans le bassin, oui-dà.
Doux souvenirs du jardin des Tuil'ries } Bis.
Ah! pour jamais vous êtes gravés là. }

JANOT. Ah! mon oncle, vous m'avez ému.

JOCRISSE. Je l'espère bien. Si tu ne t'étais pas mouché, je t'aurais déshérité... mais loin de ces détails rétrospectifs, nous sommes venus pour admirer vos surprises. Je reprends mon rôle de point d'interrogation.

LE JARDIN. A vos ordres!

(Elle fait un signe.)

SCÈNE III

LES MÊMES, LE PAVILLON DE FLORE, LE JEU DE PAUME.

ENSEMBLE.

AIR d'Hervé.

Admirez donc ma } structure.
Ah! la superbe }
Prêtez votre } attention.
Prêtons notre }
Devant mon } architecture.
Devant son }
Il faut baisser pavillon.

LE PAVILLON DE FLORE. Monsieur, je suis l'ex-pavillon de Flore.

JOCRISSE. Pourquoi ça?

LE PAVILLON. Parce que je n'existe plus, je viens d'être démoli, moi aussi, j'ai eu les honneurs de la pioche.

JOCRISSE. Et pourquoi fûtes-vous pioché?

LE PAVILLON. Parce que j'étais trop vieux! je m'écroulais, monsieur, mes fondations avaient fini par donner leur démission. Il est vrai qu'elles avaient, pas mal d'années de service. Aussi, en attendant que je sois reconstruit, je vous conseille de ne pas traverser le Carrousel.

JOCRISSE. A cause?

LE PAVILLON.

AIR : *de Céline.*

On a démoli les gal'ries
Conduisant du Louvre au château,
Et, dans la cour des Tuileries,
Maintenant il ne fait plus chaud.

JANOT.

Je n' comprends pas très-bien encore
Que le temps ait pu s'y rafraîchir?

JOCRISSE.

Démolir l' pavillon de Flore,
C'est livrer passage au zéphyr.

LE JEU DE PAUME. En revanche, moi, monsieur, je suis un établissement nouveau encore en construction.

JOCRISSE. Et vous répondez au doux nom?

LE JEU DE PAUME. De Jeu de Paume. Ce jeu manquait à la ville de Paris. Le besigue commence à vieillir, et le baccarat a des cheveux gris. D'ailleurs tous ces jeux-là sont des jeux assis, tandis que moi, j'amuse et je fortifie.

JOCRISSE. Comment, si vous fortifiez? C'est-à-dire que vous crénelez les gens... Oh! le jeu de paume, je ferais des folies pour le jeu de paume.

JANOT. Qu'est-ce que c'est, mon oncle?

JOCRISSE. Le jeu de paume, animal. Tu ne connais pas le jeu de paume.

LE JEU DE PAUME. Si monsieur désire une explication?

JOCRISSE. C'est inutile, je vais la lui donner. Paume est un mot qui vient de pommer. Pommer est un dérivatif de pomme, fruit avec lequel on fait du cidre, laquelle boisson se boit avec des marrons d'Inde. Comprends-tu?

JANOT. Parfaitement.

JOCRISSE, au Jeu de Paume. Vous voyez, il n'est pas entêté. (A Janot. Sais-tu aussi pourquoi on dit le serment du jeu de paume?

JANOT. Non,

JOCRISSE. Eh bien, je vais te l'apprendre.

AIR :

On dit le serment du jeu de Paume,
Parce qu'au jeu d' paume évidemment
On fit l' serment du jeu d' paume
Qui fut un grand événement.
Ça prouv' que si dans l' royaume
Eût manqué cet établissement,
Les fameux joueurs du jeu d' paume
N'auraient pas pu faire de serment.

(Bruit de grosse caisse.)

JANOT. Qu'est-ce que c'est que ça?

LE JARDIN. Ça, c'est ma troisième nouveauté. Mes Marionnettes, on nous annonce que le spectacle va commencer.

SCÈNE IV

LES MÊMES, LE MUSICIEN, puis BIBI, LA BONNE, LE SOLDAT, SPECTATEURS, ET SPECTATRICES.

LE MUSICIEN, un violon à la main. Oui, messieurs, dans cinq minutes, nous assisterons à la grande représentation de Polichinelle reconnu et pendu, pièce avec couplets, coups de théâtre et coups de bâton. Prenez vos places, ici on n'attend pas.

CHOEUR D'ENTRÉE DES SPECTATEURS.

AIR d'Hervé.

Venons pour rire des gambades
Des acteurs de bois et d' carton,
Ceux-là n' sont jamais malades
Et s' moquent du qu'en dira-t-on.

JANOT. Ah! mon oncle, nous allons voir la comédie. Quelle chance!

JOCRISSE. Ça te fait plaisir?

JANOT. J'crois bien... J'aime ça, le spectacle ça me fait rire.

JOCRISSE. Mais quand c'est un drame?

JANOT. J'ris tout de même. Quand je pleure, je suis trop laid.

LE MUSICIEN. Préparez-vous, messieurs, dans une seconde je vais jouer l'ouverture.

BIBI. Ma bonne, mets-moi sur tes épaules.

LA BONNE. Eh bien, monsieur, voulez-vous vous taire, un jeune homme de votre âge qui est grand comme un tambour-major.

BIBI. T'es toujours à me parler de soldats, ça m'ennuie.

LA BONNE. Eh! bien, monsieur!

LE SOLDAT. Laissez-le dire, aimable Françoise. Quand il sera grand, il appréciera comme vous les charmes de l'armée. Cet enfant ne sait pas encore discerner le beau sexe d'avec le vilain.

(On frappe les trois coups dans l'intérieur du théâtre.)

JANOT. Entrez!

JOCRISSE. Veux-tu te taire, animal?

JANOT. Mais on frappe, c'est quelqu'un qui est à la porte.

JOCRISSE. C'est pour donner le signal... Mais t'es encore plus bête que ton père, toi.

LE MUSICIEN. Messieurs, mesdames, je vais jouer l'ouverture... c'est de la musique composée par moi. Je vous recommande le motif de la fin.

(Il joue un petit air.)

JANOT. Ah! que c'est joli! Est-ce suave! On dirait une casserole qui dit des mots d'amour à une poêle à frire.

JOCRISSE. Ça doit être tiré du *Tannhauser.*

(Le rideau se lève. — Le décor représente une place publique.)

JANOT. Ah! le beau décor! C'est une forêt.

JOCRISSE. T'appelles ça une forêt, toi... c'est une plaine... la plaine Saint-Denis. Je la reconnais, même qu'à droite on aperçoit le faubourg.

LE PODESTAT, dans l'intérieur. Ah! ah! ah! me voilà, me voilà!

JOCRISSE. Ne parle pas! voilà la pièce qui s'ouvre.

LE PODESTAT, entrant. Jeu des Guignols. C'est moi!

(Il chante.)

AIR d'Hervé.

La vague qui déferle
Est d'azur ce matin;
On dirait une perle
Sur un col de satin.

Combien l'air du matin fait de bien aux vieillards! Il rafraîchit le teint et fait du bien à l'épigastre.

La vague, etc.

J'ai vu ce matin une cavalcade, elle m'a semblé très-nombreuse et pourtant je n'en ai compté que dix-neuf.

La vague, etc.

(Son chant est interrompu par l'arrivée de Polichinelle qui lui flanque un coup de bâton; — on entend résonner les coups comme si la tête était en bois; — Polichinelle gambade avec la pratique dans la bouche.)

POLICHINELLE. Don, ridon, ridon, ridon.

LE PODESTAT, se frottant la tête. Oh! que c'est bête!

POLICHINELLE. Qu'est-ce que tu dis?

LE PODESTAT. Je dis que tu m'as endommagé la nuque.

POLICHINELLE. Moi! c'est pas vrai.

(Il le refrappe; le Podestat se refrotte le cou.)

LE PODESTAT. Oh! que c'est bête!

POLICHINELLE. Don, ridon, ridon, ridon! Pan, pif, pan!

(Il flanque une volée au Podestat.)

LE PODESTAT. A l'aide, au secours, le coquin m'assassine! A moi, Lapince, Tirepince, Laramée, Grippe-Saucisse! à moi, le coquin m'assassine!

(Il disparaît. — Scène folle de Polichinelle; il ne fait que chanter don ridon, en flanquant des coups de bâton d'une manière insensée. Enfin il se repose la tête penchée en dehors.)

JOCRISSE. Est-ce écrit? Hein! quelle pureté de langage!

JANOT. Ça me rappelle le *Pied de Mouton.*

LE PODESTAT, reparaissant. Je n'ai pu retrouver mes gens. Ils sont allés boire un litre à la cour, mais revoici mon coquin.

POLICHINELLE, se retournant. Ah! ah! ah! ah!

LE PODESTAT. Ah ça, dis-moi donc, toi, plus je te regarde et plus je te dévisage: tu es un grand scélérat.

POLICHINELLE. Moi!

LE PODESTAT. Oui. N'est-ce pas toi qui as tué monsieur Marteau, l'homme à la culotte oseille?

POLICHINELLE. Oh! c'est pas moi, c'est pas moi.

LE PODESTAT, à part. Soyons rusé! (Haut.) Eh bien, avoue que c'est toi qui as tué monsieur Germeuil, et il ne te sera rien fait. Tu ne sera ni pendu, ni rôti.

POLICHINELLE. Je ne serai pas pendu?

LE PODESTAT. Non.

POLICHINELLE. Ni rroti?

LE PODESTAT. Non!

POLICHINELLE. Eh bien, c'est moi!

LE PODESTAT. Je ne me trompais donc pas. A moi, Lapince, Tirepince, Laramée, Grippe-Saucisse! Qu'on m'arrête ce coquin!

POLICHINELLE. Oh c'est pas moi, c'est pas moi, c'est pas moi!

LE PODESTAT. Comment ça n'est pas toi, mais tout à l'heure c'était toi.

POLICHINELLE. Oui, mais c'est plus moi!

LE PODESTAT. Ah! ce n'est plus toi!

POLICHINELLE. Non! don ridon...

(Il se remet à danser et à frapper le Podestat.)

LE PODESTAT, se frottant. Oh que c'est bête! (à part.) Il dissimule! Soyons encore plus rusé que tout à l'heure. (Haut.) Eh bien, écoute, avoue que c'est toi que tu as tué monsieur Germeuil et il ne te sera de rien fait.

POLICHINELLE. Ah! Et qu'est-ce qu'on me donnera?

LE PODESTAT. Tu sera nommé gouverneur des Espagnolets.

POLICHINELLE. Ah! eh bien! C'est moi.

LE PODESTAT. Ah! enfin! à moi Lapince, Tirepince, Laramée, Grippe-Saucisse, apportez la potence!

(Il apporte lui-même la potence.)

POLICHINELLE. Qu'est-ce que c'est que ça.

LE PODESTAT. Ça, c'est pour te pendre.

POLICHINELLE. Et comment faut-il faire?

LE PODESTAT. C'est bien simple. Voici le nœud coulant. Tu dis une, deusse, troisse et tu passes la tête dedans.

POLICHINELLE. Oh! c'est pas difficile (prenant son élan) une, deusse, troisse.

(Il passe par dessous.)

LE PODESTAT. C'est trop bas.

POLICHINELLE. Ah! eh bien! recommençons! Une, deusse, troisse...

(Il passe par dessus.)

LE PODESTAT. C'est trop haut. Tu n'as donc jamais été pendu?

POLICHINELLE. Jamais, jamais, jamais!

LE PODESTAT. Parole d'honneur?

POLICHINELLE. Parole d'honneur!

LE PODESTAT. Regarde, ce n'est cependant pas difficile. Une, deusse, troisse. (Il passe la tête dans le nœud coulant. (Polichinelle la serre.) Oh! que c'est bête, Polichinelle! défais le nœud ou je vais trépasser. Tiens, je trépasse.

(Il chante.)

La vague qui déferle
Est d'azur ce matin,

On dirait une perle
Sur un col de satin.

(Parlé.) Couic !

(La tête tombe sur le bord; Polichinelle lui donne un coup de bâton.)

LE PODESTAT, se relevant. Oh! que c'est bête!

(Il retombe.)

POLICHINELLE, chantant au public après avoir un peu gambadé.

AIR d'Hervé.

Ni, ni, c'est fini
La pièce est terminée,
Ni, ni, c'est fini,
On peut aller s' coucher.

(Parlé.) Couic!

(Il se repose dans un coin; le rideau tombe. — Les bravos éclatent.)

JANOT. Tous! tous!

(Le rideau se relève, Polichinelle et le Podestat reviennent saluer. — Le rideau retombe.)

JOCRISSE, se levant. Oui, bravo, oui, vive Polichinelle! ah! la jolie pièce!

JANOT. J'en pleure.

JOCRISSE. Il n'y a pas à dire, mes enfants, Polichinelle a amusé nos pères, il nous amuse et il amusera nos petits-neveux. C'est un type éternel! C'est la joie des familles, la tranquillité des populations. Mes enfants, vive le plaisir des petits et des grands, vive Polichinelle!

TOUS. Vive Polichinelle!

JOCRISSE.

AIR : *De la Pulcinella.*

Eh! vive donc
Le joyeux Polichinelle!
Eh! vive donc
Ce grand maître du bâton!
Sans lui voilà
L'art qui n' bat qu' d'une aile
Guignol, oui-dà
Sans lui, n'a pas un chat.

REPRISE.

Eh! vive donc, etc.

JOCRISSE.

J' dois vous quitter,
Faut du Polichinelle,
Mais pas trop. J'ai l'honneur de vous saluer.

REPRISE.

Eh! vive donc, etc.

(Sortie générale.)

Quatrième tableau

L'ACADÉMIE DES CHANSONS POPULAIRES

Une sorte d'académie avec attributs de chansons, etc. Deux tribunes à droite et à gauche.

SCÈNE PREMIÈRE

DEUX HUISSIÈRES.

PREMIÈRE HUISSIÈRE. Tout est-il prêt?...

DEUXIÈME HUISSIÈRE. Tout est prêt.

PREMIÈRE HUISSIÈRE. Ah! c'est qu'aujourd'hui c'est une cérémonie solennelle à l'académie des chansons... une cérémonie dont on parlera...

DEUXIÈME HUISSIÈRE. Mais il me semble qu'elle ne doit pas tarder à commencer...

PREMIÈRE HUISSIÈRE. Non, l'heure s'avance... et tiens, voici déjà du public qui arrive...

SCÈNE II

LES MÊMES, JOCRISSE, JANOT, LA REVUE.

JOCRISSE. Mesdames, mille grâces?...

JANOT. Mesdames, deux mille grâces!...

PREMIÈRE HUISSIÈRE. Ces messieurs ont-ils des cartes?...

JOCRISSE. Quel genre de cartes?...

PREMIÈRE HUISSIÈRE. Des cartes d'introduction.

JANOT. Non.. j'ai des cartes de visite, si ça peut servir...

LA REVUE, entrant. C'est inutile, ces messieurs sont avec moi...

JOCRISSE. Oui, nous sommes avec madame!... (Les huissières remontent au fond.) Et madame est avec nous...

JANOT. Nous sommes tous ensemble... mais où ça, au fait?... car cet endroit m'est inconnu, tout étranger qu'il me soit...

LA REVUE. Vous êtes dans l'académie des chansons populaires...

JOCRISSE. Comment? les chansons ont une académie?...

LA REVUE. Et pourquoi pas?... elles cherchent aussi à se rendre immortelles... ça n'est pas défendu...

JOCRISSE. S'il ne leur manque que mon autorisation, elles l'ont...

LA REVUE. Vous allez assister à la réception, comme membre de cette académie, de la fameuse ronde de Saint-Cloud...

JOCRISSE. La ronde de Saint-Cloud a été nommée.

LA REVUE. Elle est assez célèbre, je suppose... mais voici l'heure... attention! la cérémonie commence...

PREMIÈRE HUISSIÈRE. Silence!... les manants... voici leurs immortalités les Chansons populaires...

JOCRISSE. Nous allons voir des immortalités... ça te fait-il plaisir, mon neveu?...

JANOT. Ah! mon oncle, j'en suis comme une petite folle!...

(Musique. Cortége.)

SCÈNE III

LES MÊMES, LES CHANSONS.

JANOT. Oui, je les reconnais, je les ai encore dans l'oreille...

JOCRISSE. Moi, je ne les reconnais pas, mesdames, qui êtes vous?

LES BOTTES. Je suis *les Bottes à Bastien.*

LAÏTOU. Moi, *Laïtou.*

FRAMBOISY. Moi, *le Sire de Framboisy.*

REINE MAB. Moi, *la Reine Mab.*

LE NEZ. Moi, *le Nez culotté.*

GAGNE-PETIT. Moi, *le Gagne-Petit.*

ISAMBART. Moi, *le Docteur Isambart.*

JENNY. Moi, *Jenny l'ouvrière.*

QUÉ MALHEUR. Moi, *Qué malheur.*

DRIN DRIN. Moi, *Drin drin.*

PUNCH GRASSOT. Moi, *le Punch Grassot.*

LE SULTAN. Moi, *le Sultan Mustapha.*

LES BOTTES. Mais notre Présidente est en retard..... Son Immortalité Ohé-les-P'tits-Agneaux aurait-elle croqué la consigne?...

LAÏTOU. Non... la voici!

DEUXIÈME HUISSIÈRE annonçant. Son Immortalité les P'tits-Agneaux!...

SCÈNE IV

LES MÊMES, OHÉ-LES-P'TITS-AGNEAUX.

OHÉ-LES-P'TITS-AGNEAUX.

Air connu.

Ohé! les p'tits agneaux,
C'est moi, c'est moi-même,
J'suis la chanson qu'on aime
Dût-on chanter faux...
Avec des bravos
Ouvrons à l'instant la séance,
La v'là qui commence...
Ohé! les p'tits agneaux!

REPRISE ENSEMBLE.

OHÉ-LES-P'TITS-AGNEAUX. Bien, chères collègues, vous êtes exactes... En outre je vois toujours avec un nouveau plaisir que vous vous portez bien... j'en suis enchantée.

JOCRISSE. Voilà une Présidente qui n'est pas fière, par exemple!

OHÉ-LES-P'TITS-AGNEAUX. Vous savez de quoi il s'agit: il faut recevoir dignement la Ronde de Saint-Cloud qui manquait à notre collection... Ma foi! puisque tout est prêt, je ne vois pas pourquoi je ne donnerais pas le signal... (Aux huissières.) Qu'on introduise le nouvel élu!

(Elle monte sur la tribune de gauche.)

SCÈNE V

LES MÊMES, LA CHANSON DE SAINT-CLOUD.

CHOEUR.

AIR d'Hervé.

Le candidat s'approche,
Que chacun subito
Mett' sa langu' dans sa poche } (*Bis*).
Et ne souffle plus mot.

(La Ronde entre, suivie majestueusement des deux huissières. On la fait monter dans la tribune de droite. Les autres chansons se sont assises.)

LA PRÉSIDENTE. La parole est au nouvel élu pour faire l'éloge de sa prédécesseuse décédée.

LA RONDE, après s'être mouchée et avoir fait plusieurs hum! hum! Mesdames et chères collègues... je ne suivrai pas aujourd'hui un usage banal... je ne flagornerai point quand même la chanson des *Feuilles mortes* que je suis appelée à remplacer ici... Oui, j'aurai le courage de lui dire la vérité... Mesdames, la chanson des *Feuilles mortes* était une chanson de génie!...

JOCRISSE. A la bonne heure!... voilà de l'audace.

LA RONDE. Elle fut sa vie durant... si ma franchise ne vous déplaît pas trop... une chanson de cœur, une chanson d'esprit, une chanson sublime!...

L'AUDITOIRE. Très-bien! très-bien!

JOCRISSE. Oui, très-bien!... j'aime l'audace!...

LA RONDE.

Quand vous verrez tomber, tomber les feuilles mortes,
Si vous m'avez aimé ne me regrettez pas.

Ne sont-ce pas là des mots arrachés de l'âme avec les pinces de fer de l'inspiration... Oui, n'est-ce pas... et pour terminer, Mesdames, j'aurai le courage de le dire : si les *Feuilles mortes* avaient de ceci... (Elle montre sa tête) à coup sûr elle avait abondamment de ça!

(Elle désigne le cœur. Elle se rassied.)

L'AUDITOIRE. Très-bien! très-bien!

JOCRISSE. Oui, très-bien!... j'aime l'audace!... Ah! ce n'est pas chez les quarante (qui ne sont que trente-huit) qu'on trouverait cette rude franchise.

LA PRÉSIDENTE, se levant. Je m'accorde la parole...Mesdames, en recevant la Ronde de Saint-Cloud parmi nous, nous n'avons pas failli à notre mission... Où trouver, je vous prie, un esprit plus élevé, plus digne... la Ronde de Saint-Cloud a gagné sa cause elle-même... la poésie et la musique se sont épousées pour lui donner le jour... c'est une noble fille!...

(Elle boit le verre d'eau sucrée.)

L'AUDITOIRE. Très-bien! très-bien!

JOCRISSE. Le discours du récipiendaire... oh! mais c'est à croire que j'y suis... j'ai envie de demander la parole pour réciter une fable... *le Dromadaire et l'Haricot de mouton.*

LA PRÉSIDENTE. Oui, mesdames, j'ose le dire... la Ronde de Saint-Cloud nous fait honneur... et pour finir, permettez-moi d'employer une expression que j'emprunte à un de nos philosophes les plus payés... la Ronde de Saint-Cloud est faite pour nous, comme nous sommes faits pour elle.

L'AUDITOIRE. Bravo! bravo!

JOCRISSE. Oui, bravo! il faut encourager ces choses-là!

(La Présidente est descendue, la Ronde de même; elle la prend par la main.)

LA PRÉSIDENTE. Maintenant, mesdames, nous allons procéder à la présentation particulière... Tout le monde debout!

CHŒUR.

AIR d'Hervé.

O chanson, rayonne dans ta gloire,
O chanson, nous sommes vraiment très-fiers
De t' voir au temple de mémoire;
Tu f'ras le tour de l'univers.

(Pendant le chœur la Présidente, tenant la Ronde par la main, la présente à chacune des chansons qui la salue.)

JANOT. Quelle belle journée pour la Ronde de Saint-Cloud... à sa place, je pleurerais, moi...

JOCRISSE. Eh bien! et nous?... On oublie le public, donc?

LA RONDE. Non... n'oublions personne, messieurs, je reçois vos félicitations...

JOCRISSE. Un instant!... Je ne vous en donne pas, moi...

TOUT LE MONDE. Comment?...

LA RONDE. Monsieur! un tel affront...

JOCRISSE. Oui... je n'ai pas de franchise, moi, mais je vous le dirai tout de même!... Je proteste!... Votre chanson m'a abruti... à chaque coin de rue, à chaque étage on l'entendait... Votre scie a rendu une vingtaine de mes années hydrophobes... Je sais un médecin qui prépare en ce moment un livre qu'il intitule la *Ronde de Saint-Cloud-Morbus*... Au lieu d'honneurs je demande qu'on vous décerne le prix de l'embêtement général... et qu'on vous supprime la circulation publique... Voilà!...

LA RONDE. Ah! monsieur.

AIR : de Suzanne Lagier.

Ah! respectez la chanson populaire,
Rapide écho des plaisirs, des douleurs....
Aux malheureux ses refrains ont su plaire,
Car bien des fois elle a séché des pleurs.
La voyez-vous partir à tire-d'ailes?
De voltiger elle a toujours besoin.
Les exilés chantent *les Hirondelles*,
Les matelots chantent *Si loin, si loin*...
Elle conseille à *Jenny l'ouvrière*
De travailler et de vivre de peu.
A nos enfants elle chante *Grand'mère*,
A tous les cœurs elle parle de Dieu.
Mais, direz-vous, lorsque hardie et folle
Elle descend jusqu'au flonflon railleur,
La chanson cesse alors d'être une école...
Soit! mais à l'œuvre elle donne du cœur.
Qu'un gai refrain au monde se révèle
En un clin d'œil le voilà colporté...
La chanson, c'est la paix universelle,
C'est la concorde et la fraternité.
Sont-ils joyeux? Les hommes se contentent.
Que leur faut-il? Des chansons et du pain.
Le maitre a dit : « Lorsque les peuples chantent
Ils sont bien près de se donner la main. »

REPRISE ENSEMBLE.

Ah! respectez la chanson populaire, etc.

JOCRISSE. C'est vrai... j'avais tort... c'est cet animal de Janot qui m'a poussé.

JANOT. Moi, mon oncle, c'est pas vrai, je dormais.

JOCRISSE. C'est égal... je le dirai encore : assez de votre chanson!...

LA REVUE. Il n'y a pas à lutter... C'est le goût du jour... je demande à ce qu'on leur en flanque jusqu'à extinction de voix générale... histoire de les guérir par l'homœopathie... Je demande à ce que la France entière... que dis-je? la France... l'univers entier chante dans un chœur convulsif la ronde de Saint-Cloud... puisqu'ils l'aiment, qu'on en mette partout!...

LA RONDE. C'est facile... car ce que tu me demandes là, c'est l'apogée de ma gloire et on peut te satisfaire...

(Elle fait un signe. Changement.)

Cinquième tableau

LE PALAIS DE L'INDUSTRIE.

Marches montant jusqu'à moitié du théâtre, sur lesquelles sont groupés des représentants des différents peuples de la terre. La Ronde se place au milieu.

SCÈNE PREMIÈRE

AIR : *du Mirliton.*

LA RONDE.

Peuplades de la terre,
Aimez-vous l' rigodon?

TOUS.

Ce refrain soit nous plaire,
Nous l'aimons tout de bon...

LA RONDE.

Chantez donc le rigodon.

TOUS.

Chantons donc le rigodon.

LA RONDE.

Lui seul peut vous divertir

TOUS.

Et vivons tous sans façon,
En chantant ce rigodir,
En chantant ce rigodon.
En chantant ce ri, ce go, ce don,
Ce rigodon.

JOCRISSE.

Amateurs de cascades,
Chantez le rigodir,
Devenez-en malades,
Dussiez-vous en maigrir.
Et qu'à l'instant de dormir,
Ou de manger, nom d'un nom!
On s'arrête pour venir
Dans un immense orphéon.
Pour chanter ce rigodir,
Paur chanter ce rigodon.

TOUS.

Pour chanter ce ri, ce go, ce don,
Ce rigodon.

CHŒUR.

Oui, sans plus de harangue,
Délaissons-nos travaux,
Et dans la même langue
Chantons ces airs nouveaux.
Chantons donc le rigodir,
Chantons donc le rigodon,
Car lui seul peut nous unir
Dans une même chanson,
En chantant le rigodir, etc.

FIN DU PREMIER ACTE.

ACTE DEUXIÈME

Sixième tableau

LA MER A PARIS.

L'entrepont de la frégate-école. Deux baignoires, leurs paravents, chaises, etc. Au fond, l'embouchure d'un immense tuyau.

SCÈNE PREMIÈRE

CABESTAN, FIL-A-VOILE, ROSITA, GILBERTE, EUPHRASIE, SÉRAPHINE.

(Cabestan en marin. File-à-Voile en mousse. Les quatre femmes en costumes de bains.)

AIR d'Hervé.

ENSEMBLE.

A la frégate le pompon!
Chacun à son appel répond,
Le baigneur raffole
D'la frégate-école!
A la frégate le pompon!
Chacun à son appel répond.
Chacun (*bis*) à ses vœux correspond,
Chaud! (*Bis*) tout l'monde sur l'pont!

CABESTAN. Ces dames désirent prendre des bains de mer sur Seine de la frégate-école?

ROSITA. Histoire d'économiser les frais de voyage au Havre.

CABESTAN. Dans quelle mer désirez-vous plonger vos charmes? La mer Noire? la mer Blanche? la mer Rouge?...

GILBERTE. Cristi!... des bains tricolores...

EUPHRASIE. La couleur nous est indifférente..

CABESTAN. Il n'y a qu'un petit inconvénient! la marée n'est pas encore arrivée et vous serez forcées d'attendre un peu... Jadis, je faisais venir l'océan par le chemin de fer... il était toujours là... à heure fixe... mais je ne pouvais suffire à la consommation... maintenant je fais venir la mer par un grand tuyau... Ce tuyau part des différents ports et aboutit ici... (montrant le fond.) vous voyez... et rien encore!... satanée marée, qu'est-ce qu'elle peut faire?

FIL-A-VOILE. Elle aura flâné en route...

SÉRAPHINE. Nous ne pouvons cependant pas aller nous promener dans ce costume...

CABESTAN. Montez sur le pont de la frégate, vous aurez une vue ravissante... les quais, les bateaux de blanchisseuses, les pêcheurs à la ligne, avec un peu de bonne volonté, vous pourrez vous croire dans un port de mer.

AIR :

On jur'rait Marseille en total,
Ce bateau n'est pas d'la petit'bière;
Le port commence au Pont-Royal,
La ru' du Bac c'est la Cann'bière;
Un nouveau spectacle est offert,
Et Paris seul en a l'étrenne...
Oui, c'est tout simplement la mer } (*Bis.*)
Avec un' nouvelle mise en scène. }

ROSITA. Il me tarde de piquer une tête.

SÉRAPHINE. Et cette marée qui n'arrive pas!

CABESTAN. Un peu de patience... montez sur le pont vous dis-je... dans un instant la mer est à vous...

REPRISE DE L'ENSEMBLE.

(Les quatre femmes sortent.)

SCÈNE II

CABESTAN, FIL-A-VOILE, puis LA REVUE.

CABESTAN. Comprend-on ça?... pas plus de mer que sur ma manche...

FIL-A-VOILE. Faut mettre une bande sur l'affiche... relâche par indisposition...

CABESTAN. Fil-à-Voile, je vous défends d'avoir de l'esprit... ça humilierait mes clients...

FIL-A-VOILE. C'est bien... on s'y conformera.

LA REVUE, entrant. Pardon... les bains de mer de la frégate-école ?...

CABESTAN. C'est ici... donnez vous la peine de vous insinuer, belle dame..

FIL-A-VOILE. Madame désire une cabine?...

LA REVUE. Oh ! ce n'est pas pour moi... deux de mes amis... des gens très-bien... désirent prendre un bain de mer...

CABESTAN. Encore des clients... allons, il n'y a plus à hésiter... employons le grand moyen... va saler l'eau..

FIL-A-VOILE. J'y vole...

(Il sort.)

LA REVUE. Voici mes baigneurs...

CABESTAN. Qu'ils soient les bienvenus...

SCÈNE III

CABESTAN, LA REVUE, JOCRISSE, JANOT.

ENSEMBLE.

AIR : d'Hervé.

Ce sont / Nous sommes } des clients d'importance,
Il faut { les / nous } r'cevoir à grand tra, la, la !
Des visiteurs !... Ah ! quelle chance !
Nous n' sommes / Vous n'êtes } pas habitués à ça.

JOCRISSE. Le patron de la barque, s'il vous plait?...

CABESTAN. Il est devant vous...

JOCRISSE. Nous disons donc que ma fichue bête de neveu...

JANOT, avec satisfaction. C'est moi...

JOCRISSE. Veut tâter de vos bains de mer parisiens... je nourris une idée analogue... c'est dans ce but que nous nous sommes laissés choir céans...

CABESTAN. Voici justement une cabine à deux baignoires... vous serez là en famille...

JOCRISSE. Merci de cette prévenance... ah ça ! mais, dites-moi donc, elle change bien souvent de destination votre frégate...

AIR :

Jadis cette frégate-école,
Ecol' de rien du tout vraiment,
Du flâneur fut d'abord l'idole ;
Ensuite devint un restaurant,
Puis on n'en parla plus vraiment;
Enfin c'bâtiment s'utilise,
En bains de mer il est installé.

CABESTAN.

Du vrai sel marin, pas d' bêtise,
N'y a qu' le prix qui n' soit pas salé (*bis*).

Nous vous laissons... Si l'eau de notre baignoire n'est pas assez corsée, vous avez là le sel, le poivre.

JOCRISSE. Comment, des salières?

CABESTAN. Dame, monsieur, il y a des gens qui aiment les bains forts. Nous en avons pour tous les goûts.

JANOT, goûtant l'eau de son bain avec une cuiller à pot. Il est de fait que le mien est un peu fadasse... ça a besoin d'un petit filet de vinaigre.

CABESTAN. L'huilier est à votre droite... Salez, poivrez; vous êtes chez vous.

ENSEMBLE.

AIR d'Hervé.

Goûtez / Goûtons { les charmes
Du nouveau bain.
Rendez / Rendons { les armes
Au sel marin.

(La Revue et Cabestan sortent.)

SCÈNE IV

JOCRISSE, JANOT.

JANOT. Comment, mon oncle, nous allons nous baigner ensemble et simultanément?

JOCRISSE. Mais sans doute... En costume de bain, tout le monde se ressemble.

JANOT. Oh non !... à preuve que vous êtes entrelardé et que je suis tout gringalet.

JOCRISSE. Je suis entrelardé parce que je suis gras, voilà tout... Si tu avais de la graisse, tu serais aussi entrelardé que moi... Voyons, retire ta veste... j'ôte la mienne.

JANOT. Mais c'est qu'on ne va plus savoir qu'est-ce qui est l'oncle et qu'est-ce qui est le neveu.

JOCRISSE. Garde tes jarretières, je te reconnaîtrai.

JANOT. Il ôte sa veste et s'arrête. C'est égal...

AIR : *Dans les Gardes-Françaises.*

Il n' faut pas que je vous le farde,
Je me figure, sapristi !
Qu'plus d'une dame me regarde,
Je ne trouve pas ça poli.

JOCRISSE.

C'est très-bien, c'est très-digne,
Mais qu'euss'-tu fait en c' cas,
Du temps ousque la vigne,
La vigne n'existait pas? } *Bis.*

JANOT. Ah! mon oncle, j'ai une idée... (Montrant les paravents.) Voyez !

JOCRISSE. C'est pas une idée, ça, c'est un paravent.

JANOT. Je vais m'en faire un cabinet de toilette.

JOCRISSE. Puisque tu le veux, moi aussi, et dépêchons.

(Ils enferment les baignoires dans les paravents et se deshabillent.)

ENSEMBLE.

Sans redouter les gros rhumes
Et les courants d'air,
Prenons vite les costumes
Des baigneurs de mer.

(Ils sortent des paravents en peignoirs.)

JOCRISSE. Là ! me voilà en Vénus sortant de l'onde.

JANOT. Je dois-t'y être laid comme ça, mon Dieu !...

JOCRISSE. Voyons, plongeons... Une, deux, j'y entre.

(Il entre dans le bain.)

JANOT. Une, deux, m'y v'là.

(De même.)

JOCRISSE. Cristi ! ça cuit !

JANOT. Oui, c'est trop salé... Oh! c'est trop salé...

JOCRISSE. Tais-toi donc... on ne crie pas comme ça dans une frégate... tu vas te briser un vaisseau.

JANOT. Mais, mon oncle, il y a trop de sel.

JOCRISSE. Eh bien ! mets-y du poivre.

JANOT. Oh ! mon oncle !

JOCRISSE. Quoi !

JANOT. Une huître dans ma baignoire.

JOCRISSE. Tiens ! moi aussi... C'est une partie carrée... ça fait que nous voilà quatre.

JANOT. C'est égal... c'est bon... je m'y habitue... Je passerais ma vie là-dedans.

JOCRISSE. Le fait est qu'on se croirait dans un court-bouillon.

REPRISE.

AIR : *Bon, bon, de la Bretonnière.*

JANOT.

Vraiment, dans cette baignoire,
Je m' crois à la mer, morbleu !

JOCRISSE.

Il n' me manque qu'une écumoire
Pour me croire dans l' pot au feu !

JANOT.

Je nage, je fais le plongeon.

JOCRISSE.

Je fais la planche dans la rade.

ENSEMBLE.

Bon, bon,
La bonne baignade !
Vrai ! la frégate a du bon.

JANOT.

Fi du baigneur qui se navre
A grelotter en plein air.

JOCRISSE.

Je suis mieux ici qu'au Havre,
Je deviens un loup de mer.

JANOT.

Vous avez l'air d'un triton,
Neptune en tomb'ra malade.

ENSEMBLE.

Bon, bon, etc.

JANOT. Quelle béatitude !... j'ai des envies de dormailler dans l'eau.

JOCRISSE. Il est de fait que l'on est tranquille... on n'entend pas le moindre bruit.

JOCRISSE. Bonsoir, mon neveu.

JANOT. Bonsoir, mon oncle,

CRIS DEHORS. A l'aide ! à l'aide ! au secours !

JOCRISSE. Qu'est-ce que c'est que ça ?

JANOT. Ah mon Dieu ! est-ce que le feu est à l'eau !

CRIS. Sauve qui peut! sauve qui peut!

(Jocrisse et Janot referment précipitamment leur paravent.)

SCÈNE V

LES MÊMES, LA REVUE, CABESTAN, FIL-A-VOILE, ROSITA, GILBERTE, EUPHRASIE, SÉRAPHINE.

CHOEUR.

AIR d'Hervé.

A l'aide ! où trouver un refuge !
Hélas ! qui nous sauvera donc ?
Ecoutez, c'est comme un déluge,
La mer va faire irruption.
Quelle horrible inondation !

(Jocrisse et Janot, sortant habillés de derrière les paravents.)

JOCRISSE. Qu'y a-t-il? monsieur, qu'y a-t-il?

CABESTAN. Il y a que la marée que nous avons si longtemps attendue arrive à flots... la cale de la frégate est inondée... le pont ruisselle... et tenez... regardez le tuyau du fond... la vague en arrache l'orifice... elle va entrer... (L'embouchure du tuyau s'ouvre.) Paf!... la voici...

(Le Mascaret en sort.)

SCÈNE VI

LES MÊMES, LE MASCARET.

LE MASCARET.

AIR d'Hervé.

Rapide orage
Sombre ouragan,
Mon flot fait rage
En bondissant.
O téméraires,
Courbez-vous tous,
Courbons-nous tous,

Sous mes colères,
Sous mon courroux,
Vite à genoux,
Le Mascaret est en courroux! } *Ter.*

JOCRISSE. Voyons, pas de farce... Mascaret... Je n'aime pas qu'on me fasse peur... parce que ça m'effraye...

LE MASCARET. Rassurez-vous, ma colère est passée... Je m'enlève comme une soupe au lait... la vague tournée, je n'y pense plus...

JANOT. Le Cascaret... qu'est-ce que c'te bête-là?

JOCRISSE. C'est le phénomène de la barre...

JANOT. La barre?

JOCRISSE. Oui... tu sais bien... quand t'as une barre sur l'estomac...

JANOT. J'y suis.

JOCRISSE. C'est égal, ça n'est pas gentil d'arriver comme ça... sans vous faire annoncer...

LE MASCARET. J'ai voulu faire la nique aux astronomes; l'année dernière, on m'avait prédit pour le 9 mars... rien!... pas de Mascaret, pas de marée... cette année l'Observatoire avait dit que je ne viendrais pas... coucou... me voilà...

JANOT. Farceur de Cascaret!...

LE MASCARET. Maintenant que j'ai fait mon apparition... bien le bonjour... je rentre dans mon lit...

JOCRISSE. C'est ça, allez vous coucher.

CABESTAN. Ces messieurs se remettent à l'eau?

JOCRISSE. Non, nous en avons assez... mais soyez tranquille... vous avez notre clientèle...

JANOT. C'est bien peu de chose, allez; mon oncle ne se baigne que tous les dix-huit mois; enfin c'est toujours ça!...

JOCRISSE. Mon neveu a raison, ce sont les p'tits baigneurs qui font les grandes baignades; c'est égal, c'est une belle chose que la mer à Paris.

CHOEUR.

AIR nouveau d'Hervé.

Ah! le beau spectacle,
Chantons, mes amis,
Le nouveau miracle,
La mer à Paris.

JOCRISSE.

Je n' sais pas si j' divague,
Mais je crois que bientôt
Le succès de la vague
Va vous remettre à flot.
Dans leurs pièces si tristes,
Pleines d'ennui mortel,
Messieurs les vaudevillistes
Pourrant mettre un peu d' sel.

REPRISE DU CHOEUR.

CABESTAN.

La mer gémit et pleure
De se voir à Paris,
Sur une scène inférieure.
Son rôle a moins de prix.
Un d' ces jours, chose certaine,
Nous verrons, canne en main,
Se promener la baleine
Dans l' canal Saint-Martin.

REPRISE DU CHOEUR.

JANOT.

Que le métier d' soldat tente
Un luron pas manchot,
J'aime mieux la mer montante
Que la garde dito.

LE MASCARET.

Sans compter les bélîtres,
Les sots, les méconnus,
Nous avions beaucoup d'huîtres,
Nous en aurons bien plus.

REPRISE.

LA REVUE.

Quand elles veulent faire naufrage,
Nos modernes houris
N'ont pas besoin, je gage,
Que la mer soit à Paris.

JOCRISSE.

J'aimais fille gentille,
Elle a quitté l' pays;
Mais je r'trouverai la fille,
La mère est à Paris.

REPRISE.

(Sortie. Changement.)

Septième tableau

LE THÉATRE DU CHALET DES ILES.

Le théâtre, face au public. — La partie de gauche, se perdant dans la coulisse pour laisser voir à droite l'arrivée en bâteau des spectateurs. — Chaises de fer. — Orchestre des musiciens devant le théâtre.

SCÈNE PREMIÈRE

DEUX GARÇONS de théâtre, vêtus comme les gondoliers du Châlet-des-Iles, puis AMANDA, FLORIDOR et LÉGÈRE.

(Au lever du rideau, les deux garçons sont occupés à écoper l'eau contenue dans l'orchestre des musiciens.)

PREMIER GARÇON. Il y en avait un peu d'eau, ici!

DEUXIÈME GARÇON. Depuis ce matin que nous sommes là à écoper! En voilà un théâtre commode, que ce théâtre du Chalet-des-Iles! C'est pire qu'une barque défoncée!

PREMIER GARÇON. Tiens .. sa contrebasse est pleine d'eau. Tant pis! je la laisse... Si le contrebassier a soif, il pourra se rafraîchir à même son instrument... c'est toujours ça!...

(Amanda, Floridor et Légère fredonnent à la cantonade.)

DEUXIÈME GARÇON. Ah! voilà nos artistes qui arrivent!...

PREMIER GARÇON. Dame! il est bientôt l'heure de commencer la comédie. Heureusement que nous avons fini d'écoper!...

ENSEMBLE.

AIR d'Hervé.

Accourons au théâtre,
Le public va bientôt venir;
Et la foule idolâtre
Saura nous applaudir. } *Bis.*

PREMIER GARÇON. Bonjour, mademoiselle Amanda!

DEUXIÈME GARÇON, aux deux autres. Bonjour, monsieur et madame!...

AMANDA. Bonjour jeunes gens!... Le théâtre est-il sec, aujourd'hui?...

PREMIER GARÇON. Pas trop.

AMANDA. Comme c'est gai!... Je parie qu'il y a encore de l'eau dans ma loge... Aussi quelle drôle d'idée de bâtir un théâtre derrière un lac... exposer des artistes à se noyer tous les soirs.

FLORIDOR. Quand on pense que l'autre jour, je faisais en scène une sortie chaleureuse, j'oublie l'eau et, crac! je pique une tête dans le lac!... Heureusement que je sais nager, sans cela, la France comptait une gloire artistique de moins!...

LÉGÈRE. Moi, ça m'est égal, l'eau... j'aime assez ça, parce qu'en attendant mes répliques, je peux pêcher à la ligne, et ça me fait passer le temps.

AMANDA. Vous avez beau dire, ce théâtre-ci nous jouera un de ces soirs quelques tours, d'autant plus qu'il est couvert en papier, je crois, et que, quand il pleut, c'est comme si nous étions sous la goutière. Oh! si j'avais des rentes!...

LÉGÈRE. Oui, mais comme tu n'en as pas... allons nous habiller!...

PREMIER GARÇON. D'autant que vous êtes déjà en retard... et la preuve, c'est que voilà des spectateurs qui arrivent!...

DEUXIÈME GARÇON. Sans compter ceux qui sont déjà installés au restaurant et au café!

AMANDA. Dépêchons-nous donc, alors!... Mesdames, alons nous déguiser!...

FLORIDOR. Allons-y!...

ENSEMBLE.

AIR d'Hervé.

Eh! vite, qu'on se dépêche,
Car le temps est bien couvert
Pour un spectacle à la fraîche,
Pour un théâtre en plein air.

(Ils entrent dans le théâtre par la droite.)

SCÈNE II

POULETTE, ADOLPHINE, LÉONIDE, MARIANNE, ÉDOUARD, AUGUSTE, puis d'autres spectateurs.

ENSEMBLE, chanté du dehors.

AIR: *Félina* (polka de Talexy).

Voyez là-bas (*bis*),
Ces rives fertiles,
Ces îles.
Voyez là-bas (*bis*),
C'est le but des joyeux ébats.

(Ils arrivent dans une gondole menée par un gondolier; ils en sortent après l'ensemble.)

ADOLPHINE. Mais c'est un vrai voyage pour venir ici!...

AUGUSTE. J'avais déjà le mal de mer, moi!...

POULETTE. Oh! vous, vous êtes toujours sur le point d'avoir quelque chose!... Il me semble qu'il manque un sexe fort.

MARIANNE. Oui, il manque Eugène.

POULETTE. Est-ce qu'il est tombé dans le lac?

LÉONIDE. Eugène? non! il est resté chez Vachette .. Ce fils de famille a fait la connaissance du champagne G. H. Mumm, avec lequel il est en train de se marier, pour trois, six, neuf.

POULETTE. Vachette s'est transformé en Vatel aujourd'hui!...

POULETTE.

AIR nouveau d'Hervé.

Je l'avouerai, comme Chonchon
J'aime à jouer de la fourchette;
Un petit dîner folichon
M'a bien vite mis en goguette.
O toi, qui pousses des soupirs
Et te désoles en cachette,
Veux-tu renaître aux vrais plaisirs?

Va, va, va (*bis*),
Chez Va, chez Vachette!
Va, va, va (*bis*),
On dîne bien là!

REPRISE.

Va, va, va, etc.

AUGUSTE.

M'sieu Monselet dédie aux gourmets
Certain almanach qui s'achète,
Où lui-même, des meilleurs mets
Aux gourmands offre la recette...

Toi qui nous donnes des conseils
Pour nous nourrir à la brochette,
Veux-tu des repas sans pareils ?...

Va, va, va (*bis*).
Chez va, chez Vachette.
Va, va, va (*bis*).
On dîne bien là !

REPRISE.

Va, va, va, etc.

POULETTE.

Au salon public on conduit
La mijaurée et la coquette,
Mais dans un cabinet, sans bruit,
Le soir on soupe avec Lisette.
En un mot, toi qui ne veux pas
Vivre comme un anachorète,
Et tiens à faire un bon repas,

Va, va, va (*bis*.)
Chez va, chez Vachette !
Va, va, va (*bis*.)
On dîne bien là !

REPRISE.

Va, va, va, etc.

POULETTE. Mais ce n'est donc pas encore l'heure de la comédie ?...

AUGUSTE. Je les engage à se dépêcher, parce que voilà le temps qui se couvre. Il va pleuvoir des rhumes de cerveau...

POULETTE. Eh bien, faites comme lui : couvrez-vous et prenez vos places, car ça ne va pas tarder... Voilà encore du public qui arrive....

SCÈNE III

LES MÊMES, SPECTATEURS venant du restaurant, puis JOCRISSE, JANOT et la REVUE.

CHOEUR DES SPECTATEURS.

AIR d'Hervé.

Au théâtre du Chalet,
Venons prendre place ;
C'est un spectacle à la glace,
Ça rafraîchit et ça plait !
Par un temps d'été complet !

(Une gondole paraît, portant Jocrisse, Janot et la Revue, le premier garçon la conduit.)

JANOT. Pas trop fort, monsieur le gondolier, l'eau me remue !

PREMIER GARÇON. Nous sommes arrivés ! (à Jocrisse.) Si monsieur veut descendre ?

JOCRISSE. Certainement, que je veux descendre !

PREMIER GARÇON. Prenez garde de tomber.

JOCRISSE. Il n'y a pas de danger ; j'ai le pied marin, mon père a canoté.

PREMIER GARÇON. C'est égal ! allez-y doucement.

JOCRISSE. N'ayez pas peur, qu'on vous dit... je marcherais sur l'eau ! au bes... ah !...

(Il tombe dans l'eau. — Cri général.)

TOUS. Ah !...

JANOT. Mon oncle, mon oncle dans l'eau !... Qui est-ce qui me le repêche ?...

CHOEUR.

AIR : d'Hervé.

Quel affreux tic-tac
Me met en déroute !...
Un homm' dans le lac
Va boire sa goutte !..
Mon cœur fait tic-tac !

(Jocrisse reparaît, repêché par le premier garçon. On l'apporte en scène, les deux autres sont descendus dans la gondole.)

JANOT. Sauvé !... le ciel me rend mon oncle !...

JOCRISSE. Où suis-je ?...

LA REVUE. Au Chalet des Iles !...

JOCRISSE. Ah ! je suis bien mouillé !

JANOT. Et cependant, vous aviez votre parapluie !...

JOCRISSE. C'est vrai !... C'est que je l'aurai mal tenu. Ah ! mon neveu, j'ai bien cru que ce jour était ma dernière nuit !... J'ai vu le Styx !...

POULETTE. Mais ça va mieux.

JOCRISSE. C'est-à-dire que ça ma fait du bien ! (il éternue.) Ça m'a dégagé le cerveau.

JANOT. C'est égal ! voilà un drôle d'endroit... la première fois que nous y reviendrons, je vous laisserai à la maison... vous êtes trop bête !...

JOCRISSE. Janot... je suis ton oncle !...

JANOT. Comme oncle, je vous respecte, mais comme nageur, vous me dégoûtez !...

JOCRISSE. Il est de fait que dans ce moment-ci, je dois dégoutter, mais assez sur cet incident. (à la Revue). Belle dame, vous nous avez promis de nous faire voir le théâtre du Chalet des Iles ; je demande à le voir !...

LA REVUE. Vous y êtes !... Vous allez assister à une de ses représentations, ça vous sèchera !...

JOCRISSE. Je ne demande pas mieux... Sapristi ! qu'est-ce que j'ai donc qui me farfouille dans l'estomac. (Criant.) Ah !... (Il retire une carpe de sa poitrine.) Une carpe !...

JANOT. Vous l'aurez pêchée dans le lac ! Est-elle vivante ?...

JOCRISSE. Non, la pauvre bête se sera noyée quand j'ai plongé.

AIR : de Lauzun.

Ah ! son décès m'arrache un pleur...
Elle est bien belle, saperlote !
Trépasser si jeune, ô douleur !
Ell' doit être exquise en mat'lote...
Je déplore l'affreux trépas
Qui termine votre existence,
Chèr' carp', mais ne m'en veuillez pas !
Car j'ai péché par ignorance !...

LA REVUE. Les musiciens envahissent leur orchestre... prenons place !...

POULETTE. Ah ! enfin, voilà qu'on va commencer. Auguste, venez vous mettre près de moi, et tâchez de ne pas dire des bêtises trop haut !...

(Jocrisse et Janot se sont placés de chaque côté près de l'avant-scène, la Revue à côté de Jocrisse.)

JOCRISSE. Je suis très-bien ici !... et toi, mon neveu, est-tu bien ?

JANOT. Oui, mon oncle !... je suis comme chez vous !...

(On frappe les trois coups.)

JOCRISSE. Voilà les trois coups... Je commence à sécher !...

(Le rideau lève au théâtre du fond et laisse voir un décor de palais. Deux négrillons sont en scène. Amanda, vêtue en odalisque, fait son entrée. On applaudit.)

SCÈNE IV

AMANDA, sur le théâtre. Oui, mon cœur ne m'a pas trompé... voici Hiogabale !...

FLORIDOR, en Turc, entrant en scène. C'est moi-même !... Ah ! la belle journée pour rassembler deux personnes qui ont un casque l'un pour l'autre !... Vois !... le soleil darde ses rayons, et la terre est embaumée !... il n'est pas un nuage au ciel.

(Ritournelle du duo suivant à l'orchestre. — Bruit de pluie.)

JOCRISSE. Voilà un oiseau qui se conduit mal sur mon œil.

JANOT. C'est pas un oiseau, c'est la pluie.

POULETTE. Ah ! bon ! voilà l'averse qui fait son entrée !...

AUGUSTE. Tant pis !... je me gare, moi !...

(Petit à petit, chacun ouvre son parapluie. — Pendant le duo, Jocrisse, Janot et la Revue s'endorment.)

DUO, sur le théâtre.

AIR d'Hervé.

FLORIDOR.

O mon odalisque !

AMANDA

Mon Turc favori.

FLORIDOR.

Ici je me risque,

AMANDA.

Mon œil te sourit.

FLORIDOR.

Si le pacha bisque,

AMANDA.

Bah ! tant pis pour lui !...

ENSEMBLE.

Douce ivresse !
Je te / Il me } presse
Sur mon / Sur son } sein.
Allégresse !
Ma / Sa } tendresse
Est sans fin.

AMANDA. Remercions le ciel de cette belle journée de juillet... Ecoute le rossignol qui chante !...

(La pluie redouble.)

POULETTE. Cristi !... mais c'est le déluge qui chante !... J'en ai assez, moi !... qui est-ce qui s'en va ?...

(Les musiciens ont des parapluies ouverts aussi.)

FLORIDOR. Tout chante dans la plaine, et les moissonneurs, heureux de l'arrivée soudaine du beau temps...

(Petit à petit, tout le monde s'en va.)

AMANDA. Du soleil sans nuages...

FLORIDOR. Ma foi non !... je m'en vais me chauffer au café.

AMANDA. Et moi de même !...

LÉGÈRE, entrant en odalisque, une ligne à la main. Moi aussi, attendu que ça ne mord pas du tout aujourd'hui !

(Ils descendent sur le théâtre.)

LE PETIT NÉGRILLON. Emmenez-moi ! l'eau... me fait descendre !...

AMANDA. Viens ?... (Il saute, l'autre l'imite.) Et dire que voilà huit jours que c'est la même chose : nous n'avons jamais pu finir la pièce !...

LÉGÈRE. Ça leur apprendra à faire des théâtres champêtres... (Nouveau bruit de pluie.) Gare l'eau !...

LES AUTRES. Gare l'eau !...

(Ils se sauvent. — Musique. — La pluie cesse peu à peu. — Nuit obscure.)

SCÈNE V

JOCRISSE, JANOT, LA REVUE, endormis sous leurs parapluies.

JANOT, rêvant. Oui, mon oncle !... je veux bien que vous soyez mon neveu !...

JOCRISSE, de même. Carpe !... je vous jure que ce n'est pas de ma faute !... je ne voulais pas vous prendre dans mon filet... non, dans mon gilet...

LA REVUE, de même. Et dire que, tous les ans, je suis forcée de jouer la même pièce... quelle scie !...

JANOT, se réveillant. Eh bien ! plus personne !... (Appelant.) L'oncle de son neveu ? l'oncle de son neveu !...

JOCRISSE, même jeu. Qu'y a-t-il ?... ah ! que

c'est bête!... j'ai manqué de tomber dans la ruelle.

LA REVUE, *même jeu*. Comment, nous dormions?...

JANOT. Tous partis?...

JOCRISSE. Eh bien, nous voilà propres!... Seuls!... au milieu de la nuit!... dans une forêt!...

JANOT. Le bois de Boulogne n'est peut-être pas sûr.

LA REVUE. Bah! le chemin de fer est là à côté...

JOCRISSE. Le chemin de fer!... raison de plus!...

JANOT. Une idée!...

JOCRISSE. Parle... tirons-nous d'ici où je décède de terreur!...

JANOT. Non, décidément je n'en ai pas!... Je me rappelle que j'ai dormi la bouche ouverte... et quand je dors la bouche ouverte, mes idées s'en vont!...

JOCRISSE, *effrayé*. Holà!... là!...

LA REVUE. Quoi donc?...

JOCRISSE. On a trifouillé dans le bosquet voisin!...

JANOT, *tremblant*. Êtes-vous bête, mon oncle, d'avoir peur comme ça!... Regardez... moi... je... n'ai... pas... peur... Au secours!... on vient!...

LA REVUE. Qui va là?...

SCÈNE VI

LES MÊMES, LA COMÈTE.

LA COMÈTE. La Comète!...

JOCRISSE. La Comète!... je respire!... c'est une *personne haut placée!*...

JANOT. Une comète, mon oncle!... qu'est-ce que c'est que ça, une comète?..

JOCRISSE.

AIR : *Fleuve de la vie.*

Mille fois plus gros qu'on n' saurait croire,
C'est un astre on n' peut plus chevelu!
Qu'on découvre à l'Observatoire
Trois mois après qu'il a paru!
La comète éclair' la banlieue,
Paris et Quimper-Corentin.
Et, comme la femelle du gandin,
Porte une robe à queue!... (*Bis.*)

Ça va bien?...

LA COMÈTE. Pas mal, merci!...

JOCRISSE. Mais que diable faites-vous sur terre à pareille heure?...

LA COMÈTE. Hélas! mon bon monsieur!... J'erre à l'aventure... je suis un enfant naturel que les savants n'ont pas voulu reconnaître... Tout ça, parce que depuis plusieurs années les comètes poussent comme des champignons!... A la première, l'Observatoire a dit : «Très-bien! je l'avais prédite!...» A la deuxième : «Ah! mais, elle nous embête...» Et à moi, la troisième : « Encore une!... ah! zut!... à Chaillot, la comète!...»

JOCRISSE. Chaillot?... qu'est-ce que c'est que ça?...

LA COMÈTE. Un enfer de convention, situé entre le quai de Billy et les Champs-Élysées... C'est là qu'on envoie tous les raseurs, tous les poseurs, toutes les scies de la vie parisienne!... Bref! c'est le nouvel enfer!... une réduction de l'empire infernal!...

JOCRISSE. Comment, les enfers ont rapetissé?...

LA COMÈTE. Rapetissés!... dites réduits à rien!...

RONDEAU.

AIR : d'Hervé.

Satan avait dans l'temps,
Les États les plus grands,
L'empire des enfers
S'étendit sous tout l'Univers!
Ah! c'est qu'alors on était moins aimable
Et brutal'ment au but en marchait droit;
On s'écriait soudain : *Allez au diable!*

Aussi l'enfer d'venait-il trop étroit!...
Mais il diminua,
Lorsqu'on se contenta,
Sans trop les malmener
D'dire aux gens : *Allez vous promener*
Puis la formule adoucit sa manière,
Plus musicale, et rabaissant le ton,
Ell' s'écriait : *Allez vous fair'lanlaire*
Comme elle eût dit: voyons, laissez-moi donc!..

Plus tard, plus provoquant,
Plus vif et plus piquant
Le dicton à l'instant
R'devint brutal : *Fichez-moi l'camp!*
Bientôt après c'répertoire si riche,
Qui de l'enfer faisait le désespoir,
Vint s'augmenter du vulgair' : *Va t' fair' fiche!*
Dont l' successeur fut : *Allez vous asseoir!*

Maintenant, l' nouveau mot,
S' résum' par : *A Chaillot!*
Dont on peut sans travail,
Faire tout simplement : *A Chail!...*
Quell' décadence!... au lieu de dire: Au diable!
C'est à Chaillot qu'on envoie à présent...
C'est bien moins loin, le voyage est faisable
Et l'omnibus stationne à Saint-Laurent!...

REPRISE.

Satan avait dans l' temps, etc.

(Le point du jour.)

JOCRISSE. Belle dame, merci de nous avoir fait passer cette mauvaise nuit! Il ne nous reste plus qu'à vous souhaiter un meilleur sort, et à vous souhaiter le bonjour. Janot, en route!...

JANOT. Et nous allons?...

JOCRISSE. Continuer nos visites. Portez armes... arche!...

ENSEMBLE.

AIR : d'Hervé.

Partons au plus vite,
Muscade, partez!...
Pour rendre visite
A d'autres nouveautés!

Huitième tableau

UN DÉBIT DE PRUNES ET DE CHINOIS.

Comptoir, tables, chaises, etc.

SCÈNE PREMIÈRE

UN GARÇON, MUSTAPHA.

LE GARÇON, *frappant à la porte de gauche*. Eh! m'sieur Mustapha?

MUSTAPHA, *entrant*. Qu'est-ce qu'il y a?

LE GARÇON. Il y a, m'sieur, qu'il est huit heures et qu'il faut ouvrir le caboulot...

MUSTAPHA. Je vous avais défendu de prononcer ce mot-là ici... nous ne sommes plus caboulot.

LE GARÇON. Qu'est-ce que nous sommes donc?...

MUSTAPHA. Débit moral de prunes sérieuses et de chinois élégants... Il est huit heures, dites-vous?...

LE GARÇON. Oui, m'sieur Mustapha.

MUSTAPHA, *lui donnant des clefs*. Donnez de l'air aux demoiselles de comptoir...

(Le garçon ouvre les portes latérales.)

SCÈNE II

LES MÊMES, GENEVIÈVE, AGNÈS, PULCHÉRIE, ADÉLAIDE.

ENSEMBLE.

AIR : *Bouton de rose.*

Il est huit heures
Installez-vous / Installons-nous } vite au comptoir.
Votre / Notre } attitude est des meilleures
Venez / Venons } remplir { votre / notre } devoir...
Il est huit heures. (*Bis.*)

MUSTAPHA. Bien!... tenue décente... le réveil est bon... numéro quatre, baissez les yeux... nous avons bien dormi, mesdemoiselles?...

GENEVIÈVE. Oui, m'sieur Mustapha!

MUSTAPHA. Qu'est-ce que nous avons lu hier, avant de nous coucher?...

GENEVIÈVE. Les Oraisons funèbres.

MUSTAPHA. De qui?...

GENEVIÈVE. De madame Bossuet.

MUSTAPHA. De monsieur Bossuet.

GENEVIÈVE. Monsieur ou madame, c'est la même chose...

MUSTAPHA. Très-bien, cette indifférence pour le sexe me fait plaisir. (*A Agnès.*) Et vous?...

AGNÈS. Le Parfait cuisinier... je me suis endormie au lapin sauté.

MUSTAPHA. Bonne lecture qui forme le cœur et l'estomac... numéro quatre, baissez les yeux.

PULCHÉRIE. Mais m'sieur, ça me fait loucher...

MUSTAPHA. Adélaïde, venez ici, je vous prie... on a trouvé chez vous de la poudre de riz...

ADÉLAÏDE. C'était pour mettre sur mes lettres... je me suis trompée en l'achetant...

MUSTAPHA. Mesdemoiselles... rappelez-vous ce que je vous ai dit... j'ai l'œil sur vous... la première qui parlera aux consommateurs... qui infiltrera ici l'inconvenance... v'lan! je lui donne ses huit jours...

GENEVIÈVE. On s'en souviendra.

MUSTAPHA. Voici des clients... à vos places, et demeurez muettes comme le crétin de la montagne...

(Les demoiselles vont au comptoir.)

SCÈNE III

LES MÊMES, LA REVUE, JOCRISSE, JANOT.

ENSEMBLE.

AIR : d'Hervé.

Venons / Venez } Au débit de liqueurs,
L'établissement à la mode,
Juger la nouvelle méthode,
Et voir par { nous / vous } mêmes les mœurs.

JOCRISSE. Vous dites donc, chère dame, que c'est ici ce qu'on appelle un caboulot?...

LA REVUE. Ce qu'on appelait... car depuis la réforme, c'est bien changé...

JOCRISSE. Voyons donc le caboulot réformé... monsieur, je vous serre l'index... vous êtes?...

MUSTAPHA. Le gardien de ces lieux... Mustapha, pour vous servir... ancien gardien du sérail...

JOCRISSE. Ah! vous étiez...

MUSTAPHA. Oui, monsieur, de père en fils...

JOCRISSE. Comment, de père en fils!

MUSTAPHA. Mis sur le pavé quand on flanqua les odalisques à la porte de l'Orient, j'ai dû accepter cette place... je veille sur ces demoiselles avec astuce... car j'ose dire que ce n'est pas l'astuce qui me manque...

JOCRISSE. Non, ce n'est pas l'astuce...

MUSTAPHA. Au reste, ces demoiselles ont été choisies par moi... et j'en réponds... toutes des vertus de première catégorie... vous voyez bien la petite du coin... elle a sauvé un caniche qui se noyait dans le canal Saint-Martin...

JOCRISSE. Mais il est vide.

MUSTAPHA. Raison de plus!... sa voisine de gauche a rapporté un portefeuille à son propriétaire... il est vrai qu'il n'y avait rien dedans... quant à celle du milieu, je l'ai fait venir de Nanterre... c'est tout vous dire...

JOCRISSE. Ne m'en dites pas plus!...

MUSTAPHA. Enfin, monsieur, je pense tenir un petit assortiment de demoiselles ayant des principes à revendre...

JOCRISSE. Vous avez dû avoir bien du mal pour les trouver...

MUSTAPHA. Ah! il a fallu travailler... mais ce n'est pas le courage qui me manque...

JOCRISSE. Non ce n'est pas le courage...

MUSTAPHA.

AIR :

Non! plus de plaintes importunes,
La vertu retrouve ses droits.
Les galants viennent pour des prunes,
Sinon j'les traite en vrais Chinois.
D'la sévérité je leur en flanque,
Car je puis m'en vanter, oui-da,
Ce n'est pas la pudeur qui me manque.

JOCRISSE.

Non, ce n'est pas encore cela.

MUSTAPHA. Mais voici de nouveaux consommateurs... permettez-moi d'aller donner un coup d'œil à l'office... numéro quatre baissez les yeux... messieurs, à vous revoir!...

(Il sort sur la ritournelle de l'air suivant.)

SCÈNE IV

LES MÊMES, moins MUSTAPHA, HECTOR, JUNIUS, LÉON.

ENSEMBLE.

AIR : *de la Milanaise.*

Vite! en ces lieux, amis,
Que l'on s'empresse.
Dans une folle ivresse,
Noyons tous nos soucis.
Le vrai plaisir, vraiment,
Règne sans cesse
Près de chaque déesse
De cet établiss'ment.
Rions, chantons, fumons, batifolons; } Bis.
Faisons sauter les bouchons des flacons! }

(Jocrisse, la Revue et Janot se sont assis à la table de gauche; les étudiants, à droite.)

HECTOR. Garçonne!... trois chinois.

(Adélaïde le sert.)

JOCRISSE. Janot, veux-tu prendre quelque chose?...

JANOT, qui a beaucoup regardé Pulchérie. Je veux bien, mon oncle... oh! qu'elle est belle!...

JOCRISSE. Qui ça?...

JANOT. Le numéro trois.

JOCRISSE. Eh bien! mon neveu... que je vous y voie!... Aztec!... garçonne!... eh, garçonne!... (Geneviève se place devant lui). Voilà comme vous répondez quand on vous appelle. (Geneviève fait signe qu'elle est muette.) C'est juste... j'oubliais que la langue doit faire relâche... une poire tapée et un melon confit... (Geneviève rit.) Vous riez?... (Geneviève fait signe qu'elle n'a pas ce qu'on demande.) Vous dites?... Qu'est-ce qu'elle dit?...

JANOT. Je crois comprendre... elle dit que vous êtes laid...

JOCRISSE. Ce ne doit pas être ça... qu'est-ce que vous dites? voyons?...

HECTOR. Ah! monsieur... vous aurez beau l'interroger... c'est comme si vous chantiez de bois; voilà deux mois que nous venons ici tous les jours dans l'intention de leur peindre notre flamme.

JUNIUS. Et nous ne cueillons que des restes sur l'arbre des fours.

JOCRISSE. Fichtre! c'est vrai, mademoiselle... (Geneviève ne répond pas.) Il n'y a pas moyen de les faire parler... je vas essayer, moi... (Geneviève a regagné son comptoir : elle y sont toutes.) (Il se lève.) Hum! hum! Je ne me trompe pas... voilà Joséphine... Bonjour Joséphine... votre famille va bien?... (Pas de réponse.) Ça n'a pas réussi... hum! dites donc il y a là mon imbécile de neveu qui est trois fois millionnaire et qui me charge de vous offrir son cœur et une chaumière en bois de rose... il n'attend qu'un mot... dites seulement oui... et... ça ne prend pas!

HECTOR. Quand nous vous le disions...

JOCRISSE. Sapristi!.. il doit cependant y avoir un moyen... d'autant plus que plus je regarde le numéro quatre... que je dois avoir vu quelque part... Ah! une idée!... Mesdemoiselles, on peut chanter ici, n'est-ce pas? c'est autorisé... merci!... je vais vous chanter quelque chose... une romance avec motion... ça ne vous contrarie pas?... merci!... (A part.) Nous allons bien voir...

AIR : *d'Orphée.*

Oui, chez vous, la vertu brille,
Et vous n'y faillirez pas...
Mais un p'tit pas
A bien de l'appas
Sur un air
De concert;
Sur un motif
Joyeux et vif;
Charmant,
Brillant,
Flambant,..

ADÉLAÏDE.

Cet air des plus ingambes,
Me grimp' dans les jambes;
J'ai des frémiss'ments,
Des envi's d'entrechats piquants...

Moi, quelle chose étrange!
Le pied me démange,
Et j' crie en ces lieux :
En avant-deux!

ENSEMBLE.

Au diable, le triste maintien!
Ça me revient,
Et je sens bien
Quel vrai plaisir sera le mien,
De danser bel' et bien.
Amusons-nous, trémoussons-nous;
Car danser est bien doux...
Dansons, parlons, parlons, chantons!
Au son des rigodons.

(Les demoiselles se sont balancées dans leur comptoir.)

GENEVIÈVE. Oh! je n'y tiens plus!

(Elles descendent toutes. — Danse.)

MUSTAPHA, paraissant au fond. Que vois-je?...

TOUS, criant. Ah!...

(Tout le monde se sauve par les portes latérales.)

SCÈNE V

MUSTAPHA, JOCRISSE, LE GARÇON.

MUSTAPHA. Quel scandale!... le cancan ici!... c'est à en perdre ses cheveux!... Oh! les coquines, les infâmes!...

JOCRISSE. Monsieur, je vas vous expliquer...

MUSTAPHA. Allons! employons le grand moyen... j'y avais renoncé, mais cristi! je le reprends... (Appelant.) Octave!...

LE GARÇON. M'sieur...

MUSTAPHA. La sonnerie... infliger-leur la sonnerie...

LE GARÇON. Mille odalisques... vingt-quatre mille bretelles élastiques...

JOCRISSE. La sonnerie!... qu'est-ce que c'est que la sonnerie?...

MUSTAPHA. Et de ce pas je vais au bureau de placement... si je puis en retrouver d'autres... je les expédie toutes en Afrique... Ah! monsieur... on sera moral ou j'y perdrai mon nom.

JOCRISSE. A la bonne heure!...

ENSEMBLE.

AIR d'Hervé.

C'est du délire!
Qu'ai-je entendu?
Autant veut dire
Turlututu!

SCÈNE VI

JOCRISSE, GENEVIÈVE.

JOCRISSE. Cet Auvergnat m'amuse!... mais qu'est-ce que ce peut être que cette sonnerie?

GENEVIÈVE, entrant. Ah! quel malheur!...

JOCRISSE. Le numéro deux... Eh bien! Bichette, nous avons été mis en pénitence...

GENEVIÈVE. Hélas, monsieur... Ah! j'ai bien du chagrin!...

JOCRISSE. Si vous avez besoin d'un consolateur?...

GENEVIÈVE, se reculant. Ne me touchez pas?...

JOCRISSE. Pourquoi donc?...

GENEVIÈVE. Si vous saviez?

JOCRISSE. C'est justement pour savoir... Bichette... et si un cœur pur... d'ailleurs est-ce une existence que votre vie, non!... Si vous en voulez changer, je demande à être votre fée...

GENEVIÈVE. Vous avez une meilleure place à me proposer...

JOCRISSE. Cent fois meilleure... Bichette, écoutez mes discours... ils sont marqués au coin de la courtoisie, et je suis trop homme du monde pour... (Il lui prend la taille — un bruit de timbre se fait entendre.) Qu'est-ce que c'est que ça?...

GENEVIÈVE. C'est la sonnerie... pourvu qu'il n'ait pas entendu...

JOCRISSE. Une femme qui sonne?... étrange mystère...

GENEVIÈVE. C'est sa nouvelle invention à lui...

JOCRISSE. A l'Auvergnat?...

GENEVIÈVE. Oui... pour qu'on ne nous prenne pas à la taille il a imaginé des corsages électriques... sitôt qu'on les touche, crac! ça sonne... alors il accourt...

JOCRISSE. Oh! employer l'électricité à ces choses-là?...

GENEVIÈVE. Si vous saviez comme c'est incommode...

JOCRISSE. Je m'en doute, allez!...

GENEVIÈVE. Quand il nous accorde un jour de sortie, il faut les mettre... On va dîner en cabinet particulier sans penser à mal... tout d'un coup, au dessert...

JOCRISSE. Ça sonne!...

GENEVIÈVE. Et le garçon arrive... il croit que c'est pour lui.

JOCRISSE. Dame!...

GENEVIÈVE. Et, dans le quartier, tout le monde connait l'invention... Alors, sitôt qu'on entend sonner, on dit : « Bon, c'est mademoiselle une telle à qui on prend la taille. »

JOCRISSE. Vous endossez tous les coups de sonnette... Comme c'est gai!...

GENEVIÈVE. Aussi, nous nous tenons, allez!... et je suis bien la première depuis deux mois qui ai sonné... il n'y a pas de danger que les autres...

(Bruit de timbre à droite.)

JOCRISSE. Ah! il paraît cependant.

GENEVIÈVE. Qui ça peut-il être?...

(Nouveau bruit de timbre.)

JOCRISSE, montrant la porte de droite. C'est là!...

SCÈNE VII

LES MÊMES, JANOT, puis TOUS LES AUTRES PERSONNAGES.

JANOT entrant effaré. Ah! mon oncle, elle a une pendule dans l'estomac...

GENEVIÈVE. C'est Pulchérie...celle-là, je le comprends, depuis quelque temps... elle rêvasse à des idées... mais les autres... voyez-vous... je répondrai que jamais, au grand jamais...

(Bruit de timbre à gauche.)

JOCRISSE. Ah!...

(Autre bruit.)

JOCRISSE. Ah!...

(Autre bruit.)

JOCRISSE. Ah!

(Bruit général.)

Il paraît que c'est une sonnerie générale... Eh! ben, à la bonne heure!...

(Les étudiants sortent effrayés, suivis des dames.)

ENSEMBLE

AIR : d'Hervé.

(*Le refrain.*)

Tôt, tôt
Fait le grelot
Qui s'agite, entendez comme
Ban! ban!
Fait le battant
Chassez (*bis*) le jeune homme.

JOCRISSE.

La vertu résistera
Le tin-tin la sauvera.

ENSEMBLE.

Tin, tin (*bis.*)
Oui la sauvera soudain
Tin tin.

HECTOR. Oh! elles sonnent toutes!... plus moyen d'être aimable...

JOCRISSE. Oui... c'est horrible!... cet Auvergnat mérite les supplices les plus graves... il nous fera déserter les caboulots...

LA REVUE. Eh bien, tant mieux... ce qu'on y perdra en gaieté on le retrouvera en morale... et de nos jours il n'y a pas de mal à faire un peu profiter la morale... D'un autre côté, on aura moins de prétextes à venir s'empoisonner, d'alcool et de liqueurs mauvaises...

HECTOR. Mais que boira-t-on alors?...

SCÈNE VIII

LES MÊMES, LE VIN.

LE VIN. Du vin, parbleu!

TOUS. Le vin!...

LE VIN. Oui, du vin... c'est-à-dire la force, la gaieté... la chanson... ma récolte, cette année, a été assez belle pour qu'on lui fasse fête et qu'on se réjouisse.

JOCRISSE. Le fait est que les vendanges ont été, dit-on, superbes... Voilà une chose que j'aurais voulu voir... les vendanges. Je n'ai jamais vu ça, ni Janot non plus...

LE VIN. C'est un tableau grandiose, un tableau qui a tenté l'un et l'autre... On peut essayer de vous le montrer... mais auparavant un tantinet de description ne peut pas nuire...

AIR : d'Hervé.

C'est un tableau plein d'allure et de style
Chaud de couleurs et vigoureux de tons
Ayant pour cadre un horizon fertile
De gais coteaux et de riants vallons...
De ce tableau qui toujours recommence
L'admirateur ne se fatigue pas,
Car la nature est un musée immense
Où le chef-d'œuvre éclate à chaque pas.

Au premier plan, voyez sous la ramure
Les vignerons courbés, la serpe en main,
Taillant, coupant dans la vendange mûre.
Le peintre a mis à leur lèvre un refrain.
Au second plan, vieillard au teint de bronze,
Ce paysan semble dire à ses fils :
Soixante-un vaut-il mil huit cent onze?
Non, non, le vin était meilleur jadis.
Suivez toujours, suivez la perspective
Montez gaîment ces sentiers malaisés
Un vendangeur près d'une fille arrive
Et le galant grappille des baisers.

Redescendons... voyez là, sur la droite,
Ce cabaret dans les arbres perdu,
La vigne grimpe à sa fenêtre étroite
Et son enseigne est un bouquet pendu.
A ses côtés s'entr'ouvre une tonnelle
Les gobéas forment un gai berceau...
L'amour ce soir n'y fait pas sentinelle
Car on y vient fêter le vin nouveau.
Ici le peintre emprunte à sa palette
Des tons rougis pour le nez des buveurs
Ils chantent tous le vin de la comète
Et sous la table on en compte plusieurs...

L'horizon pourpre à ce moment s'embrase,
Vers le ciel bleu, d'un bleu couleur de vin
La chanson monte en bégayant sa phrase
Et chacun veut se lever... mais en vain,
La terre tourne... et la maison chancelle
Le paysage a pris un ton vermeil
La belle toile! et le tableau modèle!
Et qui signa cette œuvre? le soleil.

ENSEMBLE.

De ce tableau, qui toujours recommence.
L'admirateur ne se fatigue pas
Car la nature est un musée immense
Où le chef-d'œuvre éclate à chaque pas.

TOUS. Aux vendanges! aux vendanges!...

(Sortie générale.)

Neuvième tableau

LA VENDANGE.

SCÈNE PREMIÈRE

LE VIGNERON.

Musique nouvelle de M. Hervé.

RÉCITATIF.

Vous voici revenus, beaux jours de la vendange;
Déjà de vin nouveau je me sens altéré;
Nous défrichons le sol; et la terre, en échange,
Nous donne l'épi mûr et le raisin doré.

SCÈNE II

LE VIGNERON, LA VIGNERONNE.

I

LA VIGNERONNE.

Vigneron, ta vigneronne
Accourt à tes chants...

LE VIGNERON.

Aujourd'hui, le ciel rayonne,
Car c'est fête aux champs.

LA VIGNERONNE.

Bientôt nous pressons la grappe
Au grain velouté...

LE VIGNERON.

Du doux jus qui s'en échappe
Renaît la gaieté.

ENSEMBLE.

Fertile automne.
Emplis la tonne;
Fais-nous les mauvais jours
Courts,
Ah!... } *Bis.*

SCÈNE III

LES MÊMES, LE MOINEAU, LA GRIVE.

LE MOINEAU.

II

La vendange enfin arrive
Pour le gai moineau...

LA GRIVE.

Je vole, joyeuse Grive,
Le long du coteau...

LE MOINEAU.

De la treille que j'effleure,
Connais-tu les noms?...

LA GRIVE.

N'importe! elle est bien meilleure,
Quand nous l'égrenons...

ENSEMBLE.

Fertile automne,
Emplis la tonne;
Fais-nous les mauvais jours
Courts.
Ah!... } *Bis.*

SCÈNE IV

LES MÊMES, QUATRE VENDANGEURS ET QUATRE VENDANGEUSES.

LES QUATRE VENDANGEUSES.

III

Vendangeurs, troupes joyeuses,
Éparpillons-nous...

LES QUATRE VENDANGEUSES.

Pour les brunes vendangeuses,
Travailler est doux...

LES QUATRE VENDANGEURS.

Ah! combien la brise emporte
De baisers perdus...

ENSEMBLE.

Fertile automne,
Emplis la tonne;
Fais-nous les mauvais jours
Courts.
Ah!... } *Bis.*

SCÈNE V

LES MÊMES, LA HOTTE, LE PANIER,

LA HOTTE.

IV

Voici, coquette et légère
La Hotte d'osier...

LE PANIER.

Les vendanges sont à faire,
Voici le Panier...

LA HOTTE

Couronnez-nous de verdure
Et de pampres verts ..

LE PANIER.

L'abondance nous assure
Contre les hivers...

ENSEMBLE.

Fertile automne,
Emplis la tonne;
Fais-nous les mauvais jours } *Bis.*
Courts.
Ah!...

SCENE VI

LES MÊMES, LA CUVE, LE PRESSOIR.

LA CUVE.

V

Jetez, jetez dans la cuve
La grappe au grain noir...

LE PRESSOIR

Le vin bout comme un Vésuve
Sous l'âpre Pressoir...

LA CUVE.

Le raisin fermente, écume
Petit à petit...

LE PRESSOIR.

Dans une joyeuse brume
L'ivresse sourit...

ENSEMBLE.

Fertile automne
Emplis la tonne;
Fais-nous les mauvais jours } *Bis.*
Courts.
Ah!...

SCÈNE VII

LES MÊMES, JANOT et une VENDANGEUSE, puis JOCRISSE et une VENDANGEUSE.

PREMIÈRE VENDANGEUSE.

VI

Ah! barbouillez-vous de lie
Pour me plaire mieux...

JANOT.

De ma figure jolie
Faire un masque affreux...

DEUXIÈME VENDANGEUSE.

Vous êtes beau, mon gros ange,
En Faune, en Sylvain...

JOCRISSE, inquiet.

Soit! mais je sens la vendange
Me troubler soudain...

ENSEMBLE.

Fertile automne,
Emplis la tonne;
Fais-nous les mauvais jours } *Bis.*
Courts.
Ah!...

SCÈNE VIII

LES MÊMES, LE TONNELIER et LA FIOLE, LE FORET et LA COUPE.

LE TONNELIER.

VII

Remplissez la cave vide
Du gai tonnelier...

LA FIOLE.

Je suis la fiole limpide
Prête à petiller...

LE FORÊT.

Moi, le foret qui débouche
Le flacon brillant...

LA COUPE.

Moi, la coupe qu'à sa bouche
On porte en chantant...

ENSEMBLE.

Fertile automne,
Emplis la tonne;
Fais-nous les mauvais jours } *Bis.*
Courts.
Ah!...

LE VIGNERON.

AIR : d'Hervé.

Amis, chantons en chœur
La vigne...

TOUS.

La vigne.

LE VIGNERON.

Elle est d'un tel honneur
Bien digne...

LE VIGNERON.

I

Le bois engendre la feuille,
Sous la feuille naît la fleur,
Puis le verjus sans couleur,
Puis le grain mur que l'on cueille.
Chantons!

TOUS.

Chantons!

LE VIGNERON.

II

Le grain tombe dans la cuve
De la cuve dans le fût;
Puis un bon vin s'il en fut,
De perce s'en vient en buve.
Buvons!

TOUS.

Buvons!

LE VIGNERON.

III

La vigne, c'est notre mère
Qui nous fait le teint vermeil;
Elle est fille du soleil,
Ce regard de Dieu le Père.

(S'agenouillant.)

Prions!

LE VIGNERON, se relevant.

Amis, chantons en chœur
La vigne.

TOUS.

La vigne.

LE VIGNERON.

Elle est d'un tel honneur
Bien digne.

TOUS.

Bien digne.

LE VIGNERON.

RÉCITATIF.

Maintenant les rougeauds
Et les filles vermeilles,
Avec les pampres verts, formez de gais arceaux,
Et dansez la danse des Treilles.

(La danse des Treilles. Ballet.)

SCÈNE IX

LES MÊMES, BACCHUS, LES BACCHANTES.

(Après le ballet, le fond s'ouvre et laisse voir Bacchus à cheval sur une tonne, entouré de Bacchantes, qui le couronnent de pampres, en lui versant à boire dans des coupes d'or. Au-dessus, en lettres de feu : VIN DE 1861.)

CHOEUR DANS LA COULISSE.

AIR d'Hervé.

Evohé!
Nous sommes en liesse,
Evohé!
Dans une douce ivresse
Nous chantons Bacchus et Noé,
Evohé!

FIN DU DEUXIÈME ACTE.

ACTE TROISIÈME

Dixième tableau

UN ATELIER DE COUTURIÈRES

Écriteau au fond portant : *Atelier de reprises.*

SCÈNE PREMIÈRE

LES FRANÇAIS, L'OPÉRA-COMIQUE, LE LYRIQUE, L'AMBIGU, LA GAITÉ, LE PALAIS-ROYAL, LES BOUFFES-PARISIENS, LE THÉATRE DÉJAZET.

(Au lever du rideau, ces huit personnages travaillent autour d'une table et reprisent des affiches.)

ENSEMBLE.

AIR : *De la Fiancée.* (Auber.)

Travaillons, mesdemoiselles,
Travaillons avec ardeur,
Car nos reprises modèles
Attirent le spectateur...

SCÈNE II

LES MÊMES, JOCRISSE, JANOT, LA REVUE.

LA REVUE. Par ici, monsieur Jocrisse...

JOCRISSE. Janot, suis ton oncle.

JANOT. C'est ça... je suis mon oncle.

JOCRISSE. Est-il bête, cet animal-là!... Et nous sommes ici, belle dame?...

LA REVUE. Dans l'atelier des reprises théâtrales.

JOCRISSE. Ah! ah! Et ces demoiselles?...

LA REVUE. Sont les différents théâtres de Paris qui travaillent à repriser leur spectacle.

JOCRISSE. Mesdames, je suis bien le vôtre: vous êtes?...

LE THÉATRE-FRANÇAIS. Le Théâtre-Français...

Vous voyez, je suis en train de mettre une pièce à mon fameux *Duc Job*.

L'OPÉRA-COMIQUE. Moi, je suis l'Opéra-Comique... je fais un point à mon *Postillon de Longjumeau*.

JOCRISSE. Très-bien! je vous reconnais... Voilà les Bouffes-Parisiens.

LES BOUFFES. Eux-mêmes... Je raccommode *le Pont des Soupirs*.

LE PALAIS-ROYAL. Et moi le Palais-Royal... *les Mémoires de Mimi Bamboche*.

LA REVUE. Le Théâtre Déjazet... et la Gaîté qui reprise son *Courrier de Lyon*.

JOCRISSE. Et l'Ambigu?

L'AMBIGU. Qui reprise *le Monstre et le Magicien*.

JOCRISSE. Ah çà, c'est donc une reprise générale?

AIR :

THÉATRE-FRANÇAIS.

Rich comm' Job, dit maintenant l' proverbe,
Et j' ne reprendrais pas mon cher duc.

OPÉRA-COMIQUE.

L' Postillon pimpant et superbe,
Ne vaut-il pas l' plus nouveau truc! ..

LA REVUE, à Jocrisse.

Après ça s' peut-il que tu dises :
J' blâme le plan que vous avez eu!..

JOCRISSE.

Certain'ment, toutes ces reprises
Font un spectacle décousu } *Bis.*

SCÈNE III

LES MÊMES, LA PORTE-SAINT-MARTIN.

LA PORTE-SAINT-MARTIN. Eh bien, mon gros, vous avez tort.

JOCRISSE. Quelle est cette dame badigeonnée à neuf?

LA REVUE. La Porte-Saint-Martin.

LA PORTE-SAINT-MARTIN. La patronne de l'atelier des reprises...

JOCRISSE. Eh bien, vous faites de la belle ouvrage, Porte-Saint-Martin.

LA PORTE-SAINT-MARTIN. Je m'en flatte... j'ai fait plusieurs millions de recettes avec les vieilleries. Rappelez-vous cela, mon petit... il n'y a que le vieux qui soit neuf...

JOCRISSE. C'est pour votre *Pied de Mouton* que vous dites ça.

LA PORTE-SAINT-MARTIN. Il me semble qu'il a assez fait parler de lui.

JOCRISSE. Je crois bien... vous l'avez joué six ans de suite, sans compter les envois en province et à l'étranger... voilà ce que c'est... Laissez-leur reprendre un pied... de mouton chez vous... ils en auront bientôt repris quatre.

AIR : *Guerre à l'élément terrible.* (Sylvain Margeaut.)

Votre Pied d' mouton m'assomme,
Car, de Paris au Japon,
Et du Japon jusqu'à Rome,
On n' voit plus que l' Pied d' mouton.
Dans toutes les langues traduit,
Il est partout reproduit.
C'est embêtant... oui-da
Aussi, j' mets les pieds dans l' plat,
Madrid à son public donne
El podo del merino;
Londres, the Pied of moutonne;
Turin, l' Pied di Moutono.
La Russie a le Piedof,
Le Piedof de Moutonskof;
La Pologne joue aussi
Son Piedeski de Moutonski.
On offre aux meinherr de Vienne
Le Piedrin de Moutonstein;
La Prusse a la même antienne
D' Berlin à Baden Baden.
Donc, j'ai du Pied d' mouton
Une vraie indigestion;
Jusqu'au charabia, fichtra!...
Qu'a son Pied de Mouchtons!
Bref! sans faire l'acariâtre,
J' dis : N' prenez pas plus longtemps,
Pour restaurer le théâtre,
Une enseign' de restaurants.

REPRISE.

Bref, etc.

LA PORTE-SAINT-MARTIN. Eh! mon Dieu... tout n'est-il pas reprise dans la vie... vous reprenez l'enfant qui... s'oublie...

LA REVUE. La femme qui vous a trahi se repent... vous la reprenez...

JOCRISSE. C'est-à-dire... je la reprends ou je ne la reprends pas...

LA PORTE-SAINT-MARTIN. La reprise est à l'ordre du jour... voyez l'Hippodrome... voyez le Cirque.

SCÈNE IV

LES MÊMES, MADAME SAQUI, LE CONCERT-POPULAIRE.

MADAME SAQUI. Reprise de madame Saqui.

LE CONCERT. Reprise des concerts populaires.

MADAME SAQUI.

AIR : *De Joseph.*

A peine au sortir de l'enfance,
Sur la corde, moi, je dansais;
Quand vint mon adolescence,
J'y trouvai de nouveaux succès;
De c' que j' danse encore on me gronde,
Je n'ai pas fait de faux pas pourtant.

JOCRISSE.

Combien de femmes en ce monde,
Ne pourraient pas en dire autant.

REPRISE ENSEMBLE.

LE CONCERT. Moi, je suis le concert populaire... du cirque Napoléon... Je sers des symphonies au peuple dans les prix doux...

JOCRISSE. Ça doit joliment l'amuser... je connais ça, les symphonies, moi...

AIR :

C'est le l'ver de l'aurore, ça commence :
L'Angelus fait tin tin, puis, c'est
La bergère qui chante un' romance;
Les chiens font oûa! les moutons bê!...
Ajoutez un peu d'harmonie,
Fourrez-y quelques tra la la,
V'là comme on fait un' symphonie;
Ça n'est pas plus malin que ça.

LA REVUE. Tu te moques des chefs-d'œuvre...

JOCRISSE. Je ne m'en moque pas, mais ils m'embêtent... j'aime bien le vieux, mais quand il est rhabillé à neuf.

LA PORTE-SAINT-MARTIN. On peut vous en servir... Je viens de costumer une vieillerie dans le dernier goût... aussi le public vient-il chez moi comme à mes meilleurs jours.

LA REVUE. C'est exact... *La Grâce de Dieu* fait fortune à la Porte-Saint-Martin.

JANOT. Oh! mon oncle... La *La Grâce de Dieu*... Moi qui meurt d'envie de la voir... Oh! faites-moi la montrer...

JOCRISSE. Voyons... montrez *la Grâce de Dieu* à cet animal, qu'il me fiche la paix...

LA PORTE-SAINT-MARTIN. A vos ordres... Grâce de Dieu... pour un... Servez!...

(Elle fait un signe.)

Onzième tableau

UN VILLAGE.

SCÈNE PREMIÈRE

LES MÊMES, MARIE entrant.

MARIE. C'est moi qu'est Marie... la petite Loustalot... Je suis venue en victoria du Gymnase pour devenir folle à la Porte-Saint-Martin, entre dix heures dix et onze heures vingt... André m'apprend à lire... mais ce faux Savoyard commence à m'inquiéter... il devient d'un léger... oh! mais d'un léger...

CHONCHON (entrant.) Si léger que ça...

MARIE. Chonchon!...

CHONCHON. Elle-même en chair et en représentation...

AIR : *De l'Anda'ouse* (Monpou).

Je suis Chonchon, moi pas timide,
Moi, bonne fille d'Opéra,
Ayant trouvé mon nom stupide.
J'ai pris celui de l'ophicléïde,
Mais ça s' prononce Ophélia.

SCÈNE II

LES MÊMES, PIERROT.

PIERROT. Bravo! mademoiselle Chonchon...

MARIE. Pierrot! le petit gros...

PIERROT. Lui-même, mademoiselle Marie... Je suis venu à Paris avec des nouvelles bien désagréables pour vous...

MARIE. Pour moi...

PIERROT. Que oui... Monsieur votre auteur vous cherche pour vous agonir... il dit comme ça qu'il vous a envoyée Savoyarde à Paris et que vous êtes devenue fille de marbre.

MARIE. Erreur...

PIERROT. Je le sais bien... mais vous savez, un Savoyard, c'est entêté comme une marmotte... il m'a chargé de vous flanquer sa malédiction.

MARIE. A moi?

PIERROT. A vous!

MARIE. Horrible!

PIERROT. Et je viens m'acquitter de ma commission... mais ce n'est pas tout...

CHONCHON. Hélas, non!...

AIR : *De la dot d'Auvergne.* (L. Puget.)

ENSEMBLE.

Fichtra!
Oui-da!
Quelle histoire,
Vraiment noire
Fichtra!
Oui-da,
Qu'arrivera-t-il de cela?

MARIE.

Quoi donc, parlez, s'il vous plaît?

CHONCHON.

Ton gueux d'André se marie,

PIERROT.

Son fiacre est à la mairie,

CHONCHON.

La noc' se fait chez Gillet.

MARIE.

Qu'ai-je à fair', pauvre Marie!
J' n'ai qu'à devenir foll'! ça y est....

(Elle reste en tableau vivant.)

REPRISE DE L'ENSEMBLE.

(Chonchon et Pierrot sortent avec des gestes de désespoir. — Marie, une fois seule, s'anime sur l'air des Lanciers, joué à l'orchestre, et finit par sortir en dansant.)

JOCRISSE. Ça doit être le ballet en 1774, ça...

LA REVUE. Précisément.

JOCRISSE. Il est de l'époque. (A Janot.) Ça t'amuse-t-y?

JANOT. Je crois bien... j'en pleure!... mais c'est le père Loustalot que je voudrais voir... pourquoi donc qu'il ne vient pas aussi?...

LA REVUE. Il va venir... et tiens! tais-toi,

le voici qui vient assister au retour de Marie dans la montagne.

SCÈNE III

LOUSTALOT, puis CHONCHON.

JANOT. Oh! qu'il est laid, quoique vénérable.

JOCRISSE. Veux-tu te taire, animal!...

LOUSTALOT, entrant. J'ai un remords... Je n'aurais pas dû faire maudire ma fille si précipitamment... Je suis sûr que ça l'aura contrariée, cette enfant!... Elle se vexe d'un rien... Si elle allait ne plus revenir ici... Oh! Je n'ai été qu'un Savoyard!...

CHONCHON, entrant. Père Loustalot...

LOUSTALOT. Vous m'avez fait peur... Je vous ai pris pour l'omnibus... m'apportez-vous des nouvelles de celle qui me doit la moitié de ses jours?...

CHONCHON. Oui.

AIR : *de la Grâce de Dieu.* (L. Puget.)

Comme elle avait perdu la tête...
Pour la ramener en ces lieux,
Pierrot, qui n'est vraiment pas bête,
Trouve un moyen ingénieux...
Il engage, elle est assez bonne!
Quatr' musiciens remplis d'égards,
Chargés d' jouer sur le trombonne,
L'air qui émeut les Savoyards.

SCÈNE IV

LES MÊMES, QUATRE MUSICIENS, PIERROT, MARIE.

(Les quatre musiciens, précédés de Pierrot portant une grosse caisse, entrent à reculons en jouant le refrain de *la Grâce de Dieu* sur un mouvement de polka. Marie les suit.)

ENSEMBLE.

Écoutez donc, morbleu!
C' l'air de *la Grâce de Dieu*,
Qui ramène, corbleu!
Votre fille en ce lieu.
Corbleu!
L'air de *la Grâce de Dieu*
Ramèn' votre fille en ce lieu.

LOUSTALOT.

Enfant, trop longtemps éloignée,
J' dissip'rai ton chagrin profond,
J' donnerai congé z'à l'araignée
Qui t'a détérioré l' plafond.

MARIE.

Maman m'a dit : N' sois pas légère;
N' prends pas le bras d'un cavalier,
A chaque instant, pense à ton père.

LOUSTALOT.

C'est l' moyen de n' pas l'oublier.

REPRISE DE L'ENSEMBLE.

LOUSTALOT. Ma fille, ramenée par la musique militaire...

PIERROT. Oui, monsieur Loustalot... nous l'avons ramenée ici... Maintenant, faudrait la ramener à la raison...

LOUSTALOT. Essayons-le, ma fille... l'autre fois, j'ai été trop vif... je te fais mes excuses... Viens, que je te démaudisse....

MARIE. Ça me remettra.

LOUSTALOT. Et bien, v'là que je te démaudis... Il n'y a rien de fait.

MARIE, se jetant dans ses bras. Ah! mon père!

LOUSTALOT. Ah! ma petite dernière... viens encore sur mon sein!

PIERROT. Quel beau jour!... Ah! Chonchon! faut que je te serre aussi sur ma grosse caisse...

(Ils se rembrassent.)

CHONCHON, se jetant dans ses bras. Je veux bien!

PREMIER LANCIER, de même au deuxième. Jules, ça me gagne.

DEUXIÈME LANCIER, de même. Ah! Alfred.

TROISIÈME LANCIER, de même. Ah! Victor.

QUATRIÈME LANCIER, de même. Ah! Ernest.

JOCRISSE, se levant. Ah! madame la Revue!

LA REVUE, de même. Ah! Jocrisse!...

JANOT, de même. Ah! Porte-Saint-Martin!

PORTE SAINT-MARTIN, de même. Ah! Janot!

TOUS. Ah! nous tous.

(Tout le monde en scène s'embrasse.)

CHOEUR.

A *la Grâce de Dieu*,
Embrassons-nous un peu;
A *la Grâce de Dieu*,
Embrassons-nous, morbleu!
Morbleu!
Qu'on s'embrasse avec feu,
Corbleu!
Viv' *la Grâce de Dieu!*

JANOT. Ah! la belle pièce! ah! le bel ouvrage! oh! mon oncle, que je suis donc content!

JOCRISSE. Eh bien, je ne le suis pas, moi. C'est encore de la reprise, et j'en ai assez... Je demande du nouveau, ou je m'insurge.

LA REVUE. Calme toi... l'on va t'en servir... Place aux nouveautés.

ENSEMBLE.

AIR : d'Hervé.

Retirons-nous presto;
Laissons là les reprises;
On veut voir les sottises
Du genre dit nouveau.

(Sortie.)

SCÈNE V

LA REVUE, JOCRISSE, JANOT, puis DÉCOR DE GLACE, DÉCOR DU LAC.

JOCRISSE. Eh bien!... je ne vois rien venir.

LA REVUE. Dame! je suis assez embarrassée...

JOCRISSE. Parce que?...

LA REVUE. Parce qu'on fait de pièces nouvelles, il n'y a que des décors.

JOCRISSE. Eh bien! montrez-nous des décors.

LA REVUE. Paraissez...

(Les deux Décors entrent.)

DÉCOR DE GLACE.

AIR : *de la Lithographie.*

Je suis le Décor de Glace
De la *Prise de Pékin;*
Je n' crains pas, quoi que tu fasses,
D'arriver à mon déclin...

DÉCOR DU LAC.

Ne fais pas tant de mic-mac;
Je suis le Décor du Lac;
L' fameux Lac de Glenaston,
Venu tout droit de London...

JOCRISSE.

Pour moi, je dirai sans grimaces
Que l' laqu' de Chine a du bon,
Et qu' j'aime beaucoup les glaces,
Surtout les glac's au citron.

ENSEMBLE.

Pour moi, j' dirai } sans grimaces
Il os' dire }
Que l' laqu' de Chine a du bon,
Et qu'j' } aime beaucoup les glaces,
Et qu'il }
Surtout les glaces au citron.

DÉCOR DE GLACE. C'est égal, monsieur, venez m'admirer.

JANOT. Ah! oui, mon oncle, allons admirer cette petite-là.

DÉCOR DU LAC. Je demande la préférence.

JOCRISSE. Non... je n'aime pas les beaux décors... on est trop longtemps à les poser.

AIR : Bonjour, mon ami Vincent.

Au public c'est autant d' pris
L' machiniste a fait un pacte.
Les deux premiers act's finis
Ont coûté deux heures d'entracte.
L' troisième dure une heure, et tout mon sang bout
D'être là sans rien faire, assis ou debout.
Actes quatre et cinq, la chose est exacte,
J'attends sept quarts d'heur', ça m' paraît beaucoup,
Et tout le spectacle dure une heure en tout.

DÉCOR DU LAC. Au Cirque, c'est possible... mais à l'Ambigu, mon lac est posé en un rien de temps... Le flot mugit... la vague écume... Voyez, mademoiselle Jane Ester plonge!... M. Castellano tire sa coupe!... M. Omer pique une tête!... On croirait les voir nager.

JOCRISSE. Merci... On dirait des singes qui jouent au chat.

AIR :

Malgré vos récits louangeurs,
Je ne mords pas à votre amorce.
Ce ne sont plus là des acteurs,
Ce sont des f'seurs de tours de force.
Au train dont ça va, pour ma part
Je compt', si l' bon goût ne s'en mêle,
Voir rentrer monsieur Léotard } *Bis.*
Dans Buridan d' la Tour de Nesle. }

DÉCOR DE GLACE. Il faut bien piquer la curiosité.

DÉCOR DU LAC. D'ailleurs, ça fait recette... Le public aime ça.

JOCRISSE. Eh bien! je le trouve bien bon garçon le public, moi, d'aimer cette littérature-là.

AIR : Fanchon.

L' décor prend tout' la place
Plus d'intrigu' qui se passe
Tout du long
Dans l' même salon;
On n' voit que de la peinture
A Glenaston comme à Pékin,
Et la littérature
N'est plus qu' du carton peint.

REPRISE.

Et } la littérature
Non }
N'est plus qu' du { carton peint.
N'est pas du {

LE DÉCOR DU LAC. C'est une calomnie... je n'en veux pour témoin que le drame qui m'a précédé.

JOCRISSE. Ah! voyons le drame qui vous a précédé, mais qui vous suit.

SCÈNE VI

LES MÊMES, CORA.

CORA. Monsieur, faites moi le plaisir de regarder cet ongle-ci. (Elle montre son doigt.)

JOCRISSE. Mon neveu peut-il aussi regarder l'ongle?

CORA. Vous voyez bien ce point noir.

JOCRISSE. Vous vous êtes pincée dans une porte.

CORA. Ce point noir est toute la pièce... regardez-le grandir... il se développe... il envahit tout...

JOCRISSE. Fichtre! quel oncle à truc...

CORA. Je me croyais une blanche, mais ce point indique que je suis une noire...

JOCRISSE. Je commence à trouver ça bleu, moi...

CORA. Il faut que je reprenne le collier

laissé par Atar-Gull, et, de dame du monde que j'étais, je redeviens une négresse..

JOCRISSE. Horrible! désastreux! épouvantable!!!...

CORA. Mais au dénoûment...

JOCRISSE. C'est inutile, n'achevez pas... je connais votre dénoûment sur le bout de mon doigt...

AIR : *de l'Artiste.*

J'estime cet ouvrage,
Ce drame généreux,
Bien écrit, sans tapage
Et pourtant vigoureux.
Ce doigt, je le proclame,
Doit faire votre orgueil.
Je l'admire, madame,
Sans me l' mettre dans l'œil. } *Bis.*

LA REVUE. Puisque nous tenons la veine des succès, que veux-tu voir? parle... veux-tu la Poudre aux yeux!... succès du Gymnase.

JOCRISSE. Le Gymnase!... sachons respecter sa douleur.

AIR : Muse des bois et des accords champêtres.

Il a perdu Rose Chéri... sa gloire,
Sa grande artiste, hélas! n'existe plus.
Mille regrets honorent sa mémoire,
Son nom exhale un parfum de vertus.
Ne cherchons pas de louange incomplète
Pour rappeler ce long jour de douleurs.
Petits et grands ont incliné la tête,
Et tous les yeux se sont mouillés de pleurs.

ALCESTE, au dehors. Bon! fort bien!

JANOT. Quel est cet organe?

LA REVUE. Celui d'Alceste de l'opéra.

SCÈNE VII

LES MÊMES, ALCESTE.

ALCESTE, récitatif.

Mortels, inclinez-vous, de Gluck je suis l'Alceste..

JOCRISSE.

Ah! daignez, s'il vous plaît, nous épargner le reste...

(parlé.) d'autant plus que vous êtes encore une reprise...

LA REVUE. Oui... mais la pièce est si vieille qu'elle paraît neuve.

ALCESTE. Je suis la moitié d'Alceste roi de Thessalie...

JOCRISSE. Thessalie... je connais... dont on a fait le proverbe; quand Thessalie ce n'est jamais que par la bouc.

ALCESTE. Mon époux est tombé malade.

JANOT. Ah! tant pis... Eh bien! va-t-il mieux?...

ALCESTE. Un peu mieux, merci!... mais il n'en reviendra pas.. alors, je vais consulter la somnambule... Alceste, me dit-elle, si tu veux sauver ton époux, donne tes jours en échange des siens... descends chez Pluton.

JOCRISSE. Et vous descendez aux enfers!...

ALCESTE. Sans balancer... mais, dans mon désespoir, je chante un air sombre avec ma voix de contralto qui rappelle le canon du Palais-Royal...

JOCRISSE. C'est vrai... il paraît que vous avez une basse-taille superbe...

ALCESTE. Vous allez en juger...

(Adagio d'Alceste, mimé par le personnage en scène, et chanté dans la coulisse par une voix de basse.)

AIR : d'Hervé.

Pour mon époux, quels maux j'aurai soufferts,
Pour prolonger sa santé maladive,
Je vais partir pour l'infernale rive,
Oui, je descends, comme Orphée, aux enfers.

JOCRISSE. Bravo! quel creux... je me croyais dans les catacombes... il y a surtout un passage qui m'a rappelé le passage Viardot... ah! la jolie voix.

SCÈNE VII

LES MÊMES, LE CHEVALIER DU PINCE-NEZ.

LE CHEVALIER. Elle est mauvaise!...

JOCRISSE. Comment elle est mauvaise... qu'est-ce qui se permet de critiquer ici?

LA REVUE. Le Chevalier du pince-nez... le succès du voisin.

JOCRISSE. Qui n'est pas, paraît-il, un voisin du succès... Eh bien, cette reprise est donc bonne?

LE CHEVALIER. Elle est mauvaise... des claques...

JOCRISSE. Est-ce que vous ne pourriez causer d'autres choses?

LE CHEVALIER. De quoi!... Ça ne vous plaît pas... des claques.

JOCRISSE. Ce monsieur est peu varié, et, enfin, votre pièce...

LE CHEVALIER. Elle est mauvaise!...

JOCRISSE. Ah! il m'ennuie! qu'on me serve autre chose.

SCÈNE IX

LES MÊMES, LES VARIÉTÉS.

LES VARIÉTÉS. Je suis de votre avis, mon petit père... moi, le fournisseur de monsieur... le Théâtre des Variétés... Voulez-vous du neuf?.. voici. Les Danses nationales de la France représentées par votre servante... Alphonsine Kankan.

AIR : d'Hervé.

Je suis Kankan, (*Bis.*)
Des dans's nationales
L'public rit, quand,
D'un air piquant,
J'danse au bruit des cymbales
Mon p'tit pas provoquant.

REPRISE.

Voilà Kankan, etc.

JOCRISSE. Un instant... votre petit pas provoquant... il me semble qu'on en abuse joliment depuis quelques années... Est-ce qu'il ne serait pas temps de remiser un peu le coup de pied à hauteur du nez...

LA REVUE. Qu'est-ce que tu dis donc là... toi...

JOCRISSE. Dame!... Je dis...

LES VARIÉTÉS. Je te conseille de parler... toi... à qui j'ai vu faire un avant-deux avec Mimi bamboche.

JOCRISSE. Dame!... Je dis...

LES VARIÉTÉS. Non... moralisez donc un peu pour vous... Supprimez la danse quand le premier bal de l'Opéra a sonné à l'horloge du carnaval.

LA REVUE. Et d'ailleurs le quadrille n'est-il pas la toquade du moment, et nous autres, nous sommes les esclaves de la vogue, les serviteurs du Plat du jour, et la preuve, c'est que je m'intitule ainsi pour flatter le goût présent.

JOCRISSE. J'ai dit une bêtise, c'est la faute de Janot.

LES VARIÉTÉS. Pour te remettre, je vais chanter ta ronde, et si tu ne me fais pas des excuses, je te renie quand je serai dans le monde.

JOCRISSE. C'est ça... Chantez-moi ma ronde, en avant le Plat du jour.

RONDE.

MUSIQUE nouvelle d'Hervé.

LES VARIÉTÉS.

Dans ce siècle merveille
Où tout marche grand train,
Où le mot de la veille
Est vieux le lendemain,
Où le public se fiche
De l'esprit rococo,
Que faut-il sur l'affiche?
Du nouveau, du nouveau.

(*Parlé.*) Servez chaud!

TOUS.

Boum!!!

CHOEUR.

Mettons-nous à table,
Goûtons avec amour
De ce mets délectable
Qu'on nomme Plat du jour.

JANOT.

Le Plat du jour varie,
Tantôt, quelle fureur!
La potichomanie,
Tantôt l'esprit frappeur,
Puis, la vogue, occupée
D'une danseuse à froufrou,
Bientôt brise sa poupée
Et d'mande un aut' joujou.

(*Parlé.*) Servez chaud!...

TOUS.

Boum!!!

CHOEUR.

LA REVUE.

Le corsage très-prude
De telle ou telle Agnès,
Qui, par sa platitude,
Eloigne les indiscrets.
Et cette œuvre nouvelle
Qu'on réduit à zéro,
La revu' spirituelle
Que fit le Figaro.

(*Parlé.*) Servez chaud!

TOUS.

Boum!!!

CHOEUR.

JOCRISSE.

Pour faire une bonne ronde
Tirlifaut, tirlifaut,
L'couplet Chauvin qui gronde,
Tonne et monte à l'assaut.
C'est rengaine, mais qu'importe,
Si l'ennemi revenait
On n'irait pas d' main morte,
Et chacun redirait:

(*Parlé.*) Servez chaud!

TOUS.

Boum!!!

CHOEUR.

JOCRISSE. Bravo!... Je vous fais mes excuses...

LES VARIÉTÉS. Je les accepte et cours à mon théâtre m'occuper aussi de ma revue... en route, vous autres.

REPRISE DU REFRAIN.

(Ils sortent.)

SCÈNE X

JANOT, JOCRISSE, LA REVUE.

JOCRISSE. Avec tout ça nous ne voyons rien en entier.

JANOT. C'est vrai... Je voudrais quelque chose de complet...

LA REVUE. C'est facile... on va te représenter le grand succès du moment, les Intimes du Vaudeville.

JOCRISSE. Va pour les Intimes!...

LA REVUE, faisant un signe. Paraissez!...

Douzième tableau

NOS GUEUX D'INTIMES

Un salon. Fenêtre avec balcon praticable. Au fond deux cordons de sonnette.

SCÈNE PREMIÈRE

JOCRISSE, JANOT, LA REVUE.

Musique en sourdine. Deux domestiques entrent et placent une causeuse, un guéridon et deux fauteuils.

JANOT. Ah! voilà qu'on meuble le salon!

JOCRISSE. C'est l'instant de te meubler l'esprit!

JANOT. Mon oncle... pourquoi donc que ces domestiques-là ne disent rien?

JOCRISSE. Ils sont sourds...

JANOT. Ah! c'est pour ça que je ne les entends pas...

LA REVUE. Tais-toi, ça commence.

SCÈNE II

LES MÊMES, SICILE suivie de MALICE, puis MAUSSADE.

SICILE. Voulez-vous me lâcher à la fin?...

MALICE. Sicile, ne repousse pas un jeune homme qui a de ça...

SICILE. Mais je viens habiller mon mari... vous allez voir ses jambes...

MALICE. Je m'en fiche... Je ne regarderai que toi...

SICILE. Comme c'est gentil ce que vous faites là... un intime de mon époux...

MALICE. Les femmes de nos intimes sont nos intimes.

SICILE. Éliminons-nous... voilà le compagnon de ma vie...

MALICE. Je reste.

SICILE. Mais qu'est-ce que vous voulez que mon mari devienne?

MALICE. Dame! il deviendra...

(On entend dans la coulisse crier : coucou.)

JOCRISSE. Tiens qu'est-ce qui chante jaune par là?... (A Janot.) C'est toi!...

JANOT. Je n'ai pas bougé... ça doit être dans la pièce... Coucou est le fond de la chose... Je devine ça, moi...

SICILE, sombre. Coucou!... funèbre avertissement, oh! c'est égal!... ce coucou avance...

MAUSSADE, en caleçon et en bras de chemise. Tâchez de me dénicher... Il vient...

SICILE. Le futur coucoutier!

MAUSSADE. Bonjour, Bichette, vite, habille ton chien-chien?... Que je furète le logis... il contient un animal qui m'horripile le système.

MALICE, à part. Il m'a regardé...

MAUSSADE. Malice, je vous la serre... allons-y... mon justaucorps.

SICILE. Voilà...

SCÈNE III

LES MÊMES, MARÉCAGEUX, puis LENVIEUX et TROULALA, zouave.

MARÉCAGEUX. Peut-on entrer?...

SICILE. Parfaitement. Il n'y a que mon mari de déshabillé...

MARÉCAGEUX. Tiens... ce chic gilet!... je venais justement t'emprunter un... bouton pour remettre au mien de gilet jaune... j'aime mieux prendre celui-ci et te laisser mon bouton... ça m'économisera du temps... (Il le prend) merci, mon petit... Madame, mes hommages.

(Il sort.)

MAUSSADE. Quel brave cœur que ce Marécageux... Ah! je suis un Monsieur qui a de rudes camarades!...

SICILE. Oui... Ils ne sont pas fiers surtout.

MAUSSADE. Je me passerai de justaucorps... aveins-moi ma houppelande...

SICILE. Voilà! tiens... il y a un léger accroc...

MAUSSADE. Brosse-le... ça ne se verra pas...

MALICE, bas. Que vous êtes belle ainsi!... ah! que ces crins sont heureux!... que ne suis-je crin!...

SICILE. Taisez-vous donc!... (Haut.) Voilà l'objet...

LENVIEUX, entrant et le prenant. Merci!...

MAUSSADE. Lenvieux!... un autre brave cœur!

LENVIEUX. On dirait que tu as deviné que je venais te l'emprunter... je vais dans le monde... et merci!... Je te le renverrai avec un baril de mélasse... (Il sort.)

MAUSSADE. Quelle âme!... Je me passerai de houppelande... passe moi l'indispensable...

TROULALA, entrant et le prenant. Confisqué!...

MAUSSADE. Comment!..... mon bon..... Chose... tu me prends mon...

TROULALA. J'en ai de besoin... le mien est resté à Alger... chez une dame qui avait peur d'avoir froid pour traverser le désert... Je te le renverrai le mois prochain.

MAUSSADE. Quand tu voudras! aimable nature!... (Troulala sort.) Donne-moi mon chapeau... je me passerai d'indispensable...

(Il se couvre.)

SICILE. Vous allez sortir ainsi?...

MAUSSADE. Ça m'est égal!... je ne vais qu'aux Champs-Élysées... ah! que je suis donc content d'avoir de si jolis camarades...

ENSEMBLE.

AIR : d'Hervé.

Adieu, chère amie,
J' vais fur'ter l' taillis.
Pas d' cérémonie
Avec les amis.

SCÈNE IV

SICILE, MALICE.

SICILE. Quelle cie que le compagnon de ma vie!... On lui prendra tout sans compter le reste...

MALICE, avec élan. Et le reste... C'est vous.

SICILE. Vous êtes encore là... Vous!...

MALICE. Non-seulement j'y suis, mais encore nous y sommes tous les deux...

SICILE, le regardant. Quel œil que son œil!

MALICE. Et puisque nous sommes nous deux.... Sicile... Je t'aime...

SICILE. Mais je suis mariée...

MALICE. C'est à cause de ça... Sicile, ton époux n'est qu'un imbécile... c'est mon meilleur ami... un second père... c'est un crétin, et voici pourquoi... vous ne pouvez pas l'aimer.

JOCRISSE. Ah! voyons le pourquoi!...

MALICE. Mais permettez, pour ce qui va suivre, j'éprouve le besoin de prendre un organe de rechange.

(Musique. Imitation de Félix.)

« Quand Jupiter créa le monde... les me-
» lons poussaient sur les poiriers... mais les
» melons n'étaient pas légumes à apprécier
» les beautés de la nature... Alors Jupin
» les prit un par un, les coupa en deux
» portions égales et les mélangea, puis il
» dit: L'homme sera un melon, et l'une de
» ses côtes sera la femme .. seulement cha-
» cun cherchera sa côte... chaque moitié
» cherchera sa moitié... de melon... »

JOCRISSE, pendant que Malice va écouter aux portes. Dans le demi-monde, ce sont des pêches... dans nos Intimes des poires... littérature, voilà de tes fruits!...

MALICE, se jetant aux pieds de Sicile. Sicile... votre mari c'est le cantaloup... vous, vous êtes la pastèque savoureuse... moi, le melon brodé!...

SICILE, cherchant à se débarrasser de ses étreintes. Oh! non... j'ai peur...

MALICE. De quoi?

SICILE. Le melon me fait mal.

MALICE, se traînant à ses pieds. N'importe!...

SICILE. Jamais!... (Courant aux portes.) Il a filouté les clefs... mais je vais sonner... on viendra...

MALICE, arrachant un cordon de sonnette. Cordon! s'il vous plaît...

SICILE. Mais l'autre...

MALICE, l'arrachant. Les deux font la paire!... Et maintenant...

SICILE. Oh! vous ne savez pas, vous, ce qu'une femme peut trouver de ressources dans un mobilier...

(Elle renverse un fauteuil.)

MALICE. Aïe!... c'est égal... je t'attraperai.

SICILE. Tu ne m'attrapperas pas... Nicolas.

MALICE. Fait ah! fait!...

JANOT. Il l'attrapera!...

JOCRISSE. Il ne l'attrapera pas!...

(Musique. Malice poursuit Sicile qui lui échappe en renversant les meubles.)

MALICE, l'attrapant. Tu l'es!...

SICILE. Pincée... mon Dieu... donnez-moi la force de rester vertueuse jusqu'au dénoûment... veux-tu me lâcher!...

MALICE. Non...

SICILE. Une fois... deux fois... (Le prenant dans ses bras.) Eh bien! c'est toi qui l'auras voulu!...

(Elle le flanque par la fenêtre.)

JOCRISSE. Oh! quelle forte femme!...

SICILE. Il a dû se casser quelque chose... mais aussi pourquoi m'asticotait-il? (Bruit au dehors.) Du bruit!... on l'aura vu dégringoler... mon Dieu, faites que mon mari ignore toujours que j'ai été forcée de montrer que j'avais du biceps!...

SCÈNE V

LES MÊMES, MAUSSADE, MARÉCAGEUX, LENVIEUX, TROULALA.

ENSEMBLE.

AIR : d'Hervé.

On vient par la fenêtre
De jeter un mortel;
Qui ça pourrait-il être?
Quel moment solennel!...

MAUSSADE, sombre. Qui donc a déménagé ici?...

SICILE, embarrassée. C'est moi... je me croyais au demi-terme... et...

MAUSSADE. Un homme était en ces lieux... il est tombé par la fenêtre sur le...

SICILE. Le?...

MAUSSADE. Sur le gazon... Comment savoir qui... Je ne vois pas tous mes amis... où est donc Malice... Qu'on me hèle Malice.

SICILE, à part. Je dois être blanche comme une douzaine d'écrevisses...

MALICE, entrant en boitant. Me voici... (A part.) Je suis tombé pile...

MAUSSADE, à part. Il boite... Quel soupçon!... (Haut.) Un service, Malice... je viens d'acheter une chaise Louis XV... je collectionne des chaises à présent, c'est plus lucratif que les tabatières... mais je crains que celle-ci ne soit pas assez solide... Seyez-vous dessus, je vous prie...

MALICE. Moi, c'est...

MAUSSADE, *à part*. Il hésite... mon soupçon avait du fondement... (*Haut.*) Eh bien ! vous refusez de me prêter votre... concours.

SICILE, *à part*. Je dois être rouge comme l'Ange de minuit.

MALICE. Oh ! non ! enchanté de vous être agréable... (*A part.*) Je vais être contratrié...

(*Il s'assied.*)

MAUSSADE, *à part*. Son visage n'a pas bougé... (*Haut.*) A cheval, maintenant.

MALICE, *obéissant*. Voilà ! (*A part.*) Aïe !...

MAUSSADE. En redoublant maintenant.

MALICE, *sautant plusieurs fois*. Voilà !...

MAUSSADE, *à part*. Il ne bouge pas... Cet homme est un martyr ou un grand scélérat !... (*Haut.*) C'est bien... vous pouvez vous retirer.

SICILE. Oui... retirez-vous... et qu'on ne vous revoie jamais ou sinon... je dis tout !...

MALICE. Roulé !... Je vais me faire faire un cataplasme...

ENSEMBLE.

AIR d'Hervé.

L'étrange aventure
Cet original,
A dû, je le jure,
Se faire du mal.

MAUSSADE. Quant à vous, chers intimes...

JOCRISSE, *se levant*. Attendez ! Je vais leur dire mon opinion. Je la comprends mieux que vous...

AIR d'Hervé.

Si la pièce des intimes,
Soulève tant de bravos,
Tant d'éloges unanimes,
C'est qu'elle frappe à propos...
C'est que, taillant dans le vif
Avec son style incisif,
Elle attaque les amis
Trop facilement admis:
L'envieux, le parasite,
L'égoïste, l'emprunteur,
Et l'amoureux qui médite
De prendre au mari l'honneur.
Il est encor des portraits
Qu'on peut tracer à grands traits.
L'ami qui, pour un bon mot,
Vous fait passer pour un sot ;
Le faux ami qui vous casse
Un encensoir sur le nez,
Et vous fait une grimace
Aussitôt le dos tourné.
L'ami qui n'a pas d'argent,
Si vous êtes indigent.
L'ami qui n'est pas chez lui
Si vous cherchez un appui...
L'ex-intime qui déserte
Vos plus sacrés intérêts,
Et consomme votre perte
En trahissant vos secrets.
Bref! apurons sans pitié
Le creuset de l'amitié,
Rompons les mauvais liens,
On n'est trahi qu' par les siens.
Les grands cœurs sont hors de cause,
N'ayons qu'un intime, un bon,
Rien n'est plus rar' que la chose
Rien n'est plus commun qu' le nom.

JANOT. Ah ! mon oncle, comme vous parlez bien !...

JOCRISSE. Voilà comme je suis quand je m'en mêle...

JANOT. Ça me donne envie d'en voir encore... Qu'on m'en montre derechef...

JOCRISSE. Mais c'est fini... Si tu crois qu'il va y en avoir comme ça jusqu'à demain...

JANOT. Si c'est fini, allons nous coucher...

JOCRISSE. Je ne demande pas mieux... La preuve, c'est que je prie madame de donner le signal du changement final...

LA REVUE. A vos ordres... Au changement !...

Dernier tableau.

LE PALAIS DES DÉLASSEMENTS

SCÈNE UNIQUE

TOUS LES PERSONNAGES DE LA REVUE.

CHOEUR.

AIR : d'Hervé.

La revue est terminée,
Que rien n'arrête son cours.
Puisse la nouvelle année
Nous préparer d'heureux jours.

JOCRISSE.

AIR : d'Hervé.

MARIE

Les couplets d'la fin, c'est notoire,
C'est vieillot, ça sent le moisi...
C'est toujours la même balançoire
N'en parlons plus, renonçons-y.

ALCESTE.

D'ailleurs que pourrions-nous vous dire?
Que l'macadam ne salit pas,
Que l'neveu de Gulliver fait rire,
Et qu'on doit imposer les chats.

LE DÉCOR DE GLACE.

Que l' fer, circulant dans la rue,
Est empaillé de peur du bruit,
Qu'Figaro fait une revue,
Qu'Machinski ferme à minuit.

PORTE-SAINT-MARTIN.

Que pourrions-nous vous dire encore?
Qu'on joue Hamlet à Beau...marchais,
C'est peut-être pour qu'on le décore
Du nom d' troisièm' Théâtr !...

MADAME SAQUI.

Français.

MALICE.

Que nos demoiselles ingambes...
Font du crochet et tant et plus,
Le soir, elle s' tricotent des jambes...
Le jour, ell' s' tricotent des fichus...

PORTE-SAINT-MARTIN.

Que l'puits de Passy n'est qu'une source
Qu' les claqueurs n'auront plus d'bravos,
Et qu'les tourniquets... de la Bourse
On va les mettre aux... caboulots.

DÉCOR DU LAC.

Qu'à l'Ecole lyrique on écoute
Une troupe all'mande... Quel travail !
Quand on ne comprend que la... choucroute.
Avec ou sans cerv'las à l'ail !
Qu'on joue à l'Opéra-Comique.

ARTHUR.

Une ancienn' pièce d'ici, dit-on...

PIERROT.

Que Machinski r'fait la musique.

KANKAN.

De Tannhauser et d'Oberon...

JOCRISSE.

Puis, pour terminer la séance...

LA REVUE.

Nous vous dirions, en peu de mots...

JOCRISSE.

Mesdam's, nous d'mandons l'indulgence...

JANOT.

Messieurs, donnez-nous des bravos...

JOCRISSE.

Oui, vraiment ! le public se lasse ;
Il lui faut de l'original...
C'est pourquoi nous lui faisons grâce
De l'absurde couplet final...

LA REVUE.

Pour chasser toute humeur chagrine,
J'ose vous prier, à mon tour,
D' venir chaque soir à notre cuisine
Pour y goûter *le Plat du Jour*.

REPRISE DE L'ENSEMBLE.

FIN

PARIS. — IMPRIMERIE ÉDOUARD BLOT, RUE SAINT-LOUIS, 46

www.ingramcontent.com/pod-product-compliance
Ingram Content Group UK Ltd.
Pitfield, Milton Keynes, MK11 3LW, UK
UKHW021928190726
13853UKWH00002B/921